Wilhelm Dörpfeld

Troja 1893 - Bericht über die im Jahre 1893 in Troja

veranstatlteten Ausgrabungen

Wilhelm Dörpfeld

Troja 1893 - Bericht über die im Jahre 1893 in Troja veranstatlteten Ausgrabungen

ISBN/EAN: 9783742887535

Hergestellt in Europa, USA, Kanada, Australien, Japan

Cover: Foto ©ninafisch / pixelio.de

Manufactured and distributed by brebook publishing software (www.brebook.com)

Wilhelm Dörpfeld

**Troja 1893 - Bericht über die im Jahre 1893 in Troja
veranstatlteten Ausgrabungen**

TROJA 1893.

BERICHT

ÜBER

DIE IM JAHRE 1893 IN TROJA VERANSTALTETEN
AUSGRABUNGEN.

Von

WILHELM DÖRPFELD.

UNTER MITWIRKUNG VON

ALFRED BRUECKNER, MAX WEIGEL UND WILHELM WILBERG.

MIT 2 PLÄNEN UND 83 ABBILDUNGEN.

LEIPZIG:
F. A. BROCKHAUS.

1894.

I. Die Aufgaben und Arbeiten des Jahres 1893.

Als Heinrich Schliemann im Juli 1890 nach einer fünf-
monatlichen Arbeitszeit in Troja den Spaten aus der Hand legte,
hoffte er bestimmt, im nächsten Frühjahre die Ausgrabungen
fortsetzen zu können. Er liess deshalb die Holzbaracken, welche
er für sich und seine Mitarbeiter errichtet hatte, die vielen
Arbeitsgeräthe, mit denen er schon so manche Ausgrabung gemacht, und die Eisenbahnen, welche er zum Transport der Erdmassen angeschafft hatte, in Troja zurück und gedachte am
1. März 1891 wieder in Hissarlik zu sein, um das angefangene
Werk zu vollenden. Das Schicksal hatte es anders beschlossen.
Am 26. December 1890 wurde der unermüdliche Forscher durch
ein tückisches Ohrenleiden plötzlich in Neapel dahingerafft und
wenige Tage später von seinen vielen Verehrern und Freunden
zur letzten Ruhestätte geleitet, die er in seiner zweiten Heimat
Athen im Angesicht der Akropolis gefunden hat.

Den vorläufigen „Bericht über die Ausgrabungen in Troja
im Jahre 1890" hatte er noch vor seinem Tode fertiggestellt.
Derselbe erschien bald nachher mit einem kurzen Vorwort der
Witwe. Frau Sophie Schliemann betrachtete es, wie sie darin
aussprach, als ein heiliges Vermächtniss ihres Gatten, die Ausgrabungen in Troja in seinem Sinne zum Abschluss zu bringen.

Dieses Versprechen erfüllte sie, indem sie dem Herausgeber dieses Berichts, dem langjährigen Mitarbeiter ihres Mannes, die Mittel zur Fortsetzung der Grabungen für eine dreimonatliche Arbeitszeit zur Verfügung stellte. Die Grabungen sollten im Herbste 1892 beginnen, mussten aber infolge des Ausbruches der Cholera bis zum folgenden Frühjahre verschoben werden.

Das Programm für die neuen Ausgrabungen war zum Theil noch von H. Schliemann bestimmt, indem mehrere von ihm begonnene Arbeiten vollendet werden mussten; einige neue Aufgaben traten hinzu. Die hauptsächlichsten Arbeiten, die auszuführen waren, liessen sich in folgendes Programm zusammenfassen:

1) Ergänzungen zu dem Plane der II. Schicht, namentlich Aufsuchung ihrer Burgmauer im Westen und Norden.

2) Schichtweises Abgraben eines Stückes der Akropolis, in welchem noch alle Schichten unberührt übereinander lagen. Genaue Feststellung der Mauern, der Topfwaare und der übrigen Fundgegenstände jeder einzelnen Schicht.

3) Aufsuchung von Gräbern aus den verschiedenen Perioden der Entwickelungsgeschichte von Burg und Stadt.

4) Die wichtigste Aufgabe bestand in der Aufdeckung eines grössern Theils der VI. Schicht (von unten gerechnet), also derjenigen Ansiedelung, in welcher bei den letzten Ausgrabungen nicht nur die Reste stattlicher Gebäude, sondern, was besonders werthvoll war, auch mykenische Topfwaare zum Vorschein gekommen war.

Wegen der Wichtigkeit der auszuführenden Arbeiten war es dringend nothwendig, dass während der Grabungen möglichst sorgfältige Beobachtungen über die Erdschichten, Mauern und Fundgegenstände gemacht wurden. Diese Beobachtungen erforderten bei den verwickelten Verhältnissen der trojanischen Ruinen und Schichten eine grössere Zahl beaufsichtigender Archäologen und Architekten als sie bei andern Ausgrabungen nöthig ist. Daher liess sich das preussische Cultusministerium auf meinen Antrag in sehr dankenswerther Weise bereit finden, auf seine Kosten mehrere Herren zu meiner Unterstützung nach Troja zu entsenden. Infolgedessen standen mir drei Mitarbeiter zur Seite, Herr Dr. Alfred Brueckner als Archäologe, Herr Dr. Max Weigel als Prähistoriker und Herr Wilhelm Wilberg als Architekt. Als Vertreter der türkischen Regierung wohnte Herr Professor Dr. Vasilios Mystakidis den Ausgrabungen bei. Aufseher der Arbeiter waren zwei Griechen, Georgios Paraskevopulos aus Olympia, welcher schon früher unter Herrn Schliemann in Troja gearbeitet hatte, und Konstantinos Kaludis aus Athen. Um alle aufgedeckten Mauern und Fundgegenstände sofort photographiren zu können, war der Photograph R. Rohrer während der ganzen Dauer der Ausgrabungen in Troja beschäftigt.

Nachdem die sämmtlichen Herren in Hissarlik angekommen und alle Vorbereitungen getroffen waren, begannen die Grabungen am 1. Mai und dauerten bis zum 11. Juli. Die Zahl der Arbeiter betrug durchschnittlich 60, unter denen sich etwa 50 Griechen und 10 Türken befanden. Es waren meist dieselben Arbeiter aus den in der Nähe von Troja liegenden Dörfern, welche schon in frühern Jahren bei den Ausgrabungen thätig gewesen und daher meist gut geschult waren. Der Tagelohn schwankte zwischen 8 und 10 Piaster, also etwa zwischen 1,50 bis 2 Mark.

Zum Transport der gegrabenen Erdmassen wurde die schmalspurige Eisenbahn verwendet, welche Herr Schliemann bei den Ausgrabungen des Jahres 1890 benutzt hatte, und die sich auch jetzt wieder aufs beste bewährte. Auf mehrern Gleisen wurde die Erde nach der Nordwest-Ecke und Nordost-Ecke des Burghügels geschafft und dort den hohen Abhang hinunter geschüttet. Diese Gleise waren so angelegt, dass von der Ausgrabungsstelle bis zum Schüttplatze ein geringes Gefälle vor-

handen war; die gefüllten Kippwagen liefen so von selbst bis
zum Schüttplatz hinunter und konnten im leeren Zustande mit
leichter Mühe von einzelnen Arbeitern hinaufgefahren werden.
Richtig angewendet sind diese kleinen Eisenbahnen so bequem
und praktisch, dass man keine grössern Ausgrabungen ohne sie
machen sollte. Die Füllung der Wagen geschah nicht mit Spaten, sondern vermittelst weicher Rohrkörbe, in welche die Erde
mit breiten Hacken gezogen wurde.

Solange das Wetter noch unbeständig und kalt war, wohnten
die Arbeiter in den umherliegenden Dörfern und mussten mor-
gens und abends ziemlich weite Wege zurücklegen; erst als die
Sommerhitze sich einstellte, blieben sie meist auch nachts in
Hissarlik und schliefen unter den grossen Eichbäumen, die im
Gebiete der römischen Stadt Ilion in grosser Anzahl stehen.
Unsere Aufseher und wir selbst wohnten dagegen während der
ganzen Zeit in den alten Holzbaracken, welche noch aus dem
Jahre 1889 stammten und sich trotz ihres Alters in besserm
Zustande befanden, als wir erwartet hatten.

Das Dorf aus den kleinen Holzhäusern pflegten wir nach
altem Brauche Schliemannopolis zu nennen, zur Erinnerung an
den Mann, dessen Werk wir fortzusetzen berufen waren. Dass
wir dieses Mannes überhaupt oft gedachten, versteht sich wohl
von selbst. Wenn wir nach gethaner Arbeit abends in unserm
kleinen gemeinsamen Esszimmer sassen, die neuen und alten
Funde besprachen oder zusammen in der Ilias lasen, da fehlte
uns der Mann sehr, der früher den Mittelpunkt unsers Kreises
gebildet hatte.

Auch bei unsern griechischen und türkischen Arbeitern und
überhaupt bei den Bewohnern der Troas ist Heinrich Schliemann in gutem Andenken geblieben. Das Bild des rastlosen
Schatzgräbers von fabelhaftem Glücke und das des helfenden
Gönners wird noch lange bei ihnen fortleben.

Wir begannen die Ausgrabungen an der Westseite der
Burg an der Stelle, wo sie im Jahre 1890 abgebrochen worden
waren. Die beiden grossen Gebäude der VI. Schicht, welche
damals die mykenischen Gefässe geliefert hatten, wurden ganz
aufgedeckt und dann die zugehörige Burgmauer gesucht und
thatsächlich gefunden. Zugleich wurden durch Grabungen an
der West- und Nordwestseite der II. Schicht einige Lücken in
unserer Kenntniss der Burgmauer dieser Niederlassung ausgefüllt. Sodann verlegten wir unsern Arbeitsplatz nach der Ostseite der Akropolis und deckten in dem von den Grabungen
bisher noch nicht berührten Theile zuerst die Fundamente römischer Gebäude, darunter die Reste ärmlicher griechischer Häuser
und noch tiefer die Mauern stattlicher Bauwerke auf, welche
wegen der in ihnen gemachten Funde und wegen ihrer Bauart
wiederum der mykenischen Epoche zugeschrieben werden durften.

Als nun im Osten auch noch die starke Burgmauer und
ein gewaltiger Thurm aus derselben Epoche (vgl. die um-
stehende Abbildung Fig. 1) gefunden wurde, war die wichtigste
Aufgabe unserer Arbeiten erfüllt. Die VI. Schicht war als
eine stattliche Burg der mykenischen Zeit erwiesen. Wir gruben
nun noch an mehrern Stellen des Hügels, um zu sehen, ob die
Burgmauer überall erhalten sei, und fanden sie thatsächlich an
vielen Punkten und zum Theil in gutem Erhaltungszustand.

Daneben war eine andere Arbeit ausgeführt worden. Südlich von dem Burgthor *FM* der II. Schicht gruben wir eine
kleine Stelle, an der bisher noch keine Ausgrabungen stattgefunden hatten, von oben bis unten schichtweise ab und stellten
so noch einmal fest, welchen Zeitabschnitten die verschiedenen,
auf dem Burghügel übereinander lagernden Schichten angehören.

Schliesslich wurde ausserhalb der Burg und ausserhalb der
römischen Stadt an mehrern Stellen nach Gräbern geforscht,
wobei auch eine Anzahl von Gräbern und Graburnen zum Vorschein kamen.

In der Hauptsache waren damit die Aufgaben, die uns gestellt waren, zwar gelöst; wir konnten uns aber nicht entschliessen, die Ausgrabungen in Troja als abgeschlossen zu betrachten. Die Existenz einer stattlichen Burg aus mykenischer Zeit war nachgewiesen. Wenn irgendeine, so war sie die Burg, um welche der von Homer besungene trojanische Krieg geführt sein soll. Die grossen Bauwerke und die prächtigen Burgmauern dieser Schicht soweit als möglich ans Licht zu bringen, musste natürlich unser sehnlichster Wunsch sein.

Als uns die starke Sommerhitze Mitte Juli aus Troja vertrieb, verliessen wir die berühmte Stätte mit der Hoffnung, die Arbeit bald wieder aufnehmen zu können. Wir waren fest entschlossen, unser Möglichstes zu thun, um auf irgendeine Weise die zur Fortsetzung der Ausgrabungen erforderlichen Mittel zu erhalten. Durch das hohe und warme Interesse, welches Seine Majestät der Deutsche Kaiser für die trojanischen Ruinen und ihre Aufdeckung persönlich zu bekunden geruhte und durch die uns zu grossem Danke verpflichtende thatkräftige Unterstützung, die wir bei der kaiserlich deutschen und königlich preussischen Regierung fanden, ist die Wiederaufnahme der Arbeiten und die Ausführung unsers Planes gesichert. Im April 1894 sollen die Arbeiten beginnen und voraussichtlich in drei Monaten zum Abschluss gebracht werden.

In Dankbarkeit gedenken wir hier noch zweier Männer der Troas, deren freundliche Unterstützung uns bei der Ausführung der Grabungen von grossem Werthe war. Herr Frank Calvert, ertheilte uns bereitwilligst die Erlaubniss, auf seinen Feldern in Hissarlik zu graben, und Herr A. de Caravel, italienischer Consul in den Dardanellen, besorgte in der liebenswürdigsten Weise alle unsere geschäftlichen Angelegenheiten.

Bei der Bearbeitung des vorliegenden Berichts über die Ausgrabungen von 1893 durfte ich mich der Unterstützung meiner trojanischen Mitarbeiter erfreuen. Nur Max Weigel

Fig. 1. Der grosse Nordost-Thurm aus mykenischer Zeit, die griechische Mauer
aus kleinen Steinen und das darüber gebaute römische Quaderfundament.

war leider durch Krankheit verhindert, den von ihm angefertigten vorzüglichen Katalog der Funde zu verwerthen und seine Beobachtungen über die prähistorischen Schichten und über die unter seiner Leitung ausgegrabenen Gräber niederzuschreiben. Alfred Brueckner hat dies, soweit es möglich war, für ihn unternommen. Zugleich hat er seine eigenen Untersuchungen über die Topfwaare und die übrigen Funde der mykenischen und jüngern Schichten und seine Bearbeitung der gefundenen Inschriften in besondern Abschnitten dieses Berichts veröffentlicht. Wilhelm Wilberg endlich hat mich bei der Aufnahme der Pläne unterstützt und die für den Druck bestimmten Zeichnungen angefertigt.

Das gemeinsame Werk widmen wir als Zeichen unserer Dankbarkeit der Witwe des Mannes, dessen Name für alle Zeiten mit Troja verknüpft sein wird, Frau Sophie Schliemann. In frühern Jahren selbst in Troja thätig, hat sie uns für das Jahr 1893 die Mittel zur Verfügung gestellt, um die Ausgrabungen im Sinne ihres Gatten fortzusetzen. Auch für die bevorstehenden Ausgrabungen hat sie uns in anerkennenswerther Weise die Arbeitsgeräthe, Baracken und Eisenbahnen zu freiem Gebrauch überlassen.

Heinrich Schliemann ist es beschieden gewesen, die Stelle des homerischen Troja wirklich zu finden. Seine Witwe hat die Mittel gegeben, um die Bauwerke der berühmten Burg zum Theil wieder ans Licht zu bringen.

II. Die Ausgrabungen in der VI. Schicht.

Das Troja der mykenischen Zeit.

Während der Ausgrabungen des Jahres 1890, welche Herr Schliemann noch selbst leitete, wurde ausserhalb der Burg der II. Schicht, aber noch innerhalb der griechisch-römischen Akropolis eine wichtige Entdeckung gemacht. Nach Analogie der berühmten Schachtgräber von Mykenae, welche nahe vor dem ältesten Burgthore angelegt waren, glaubte Herr Schliemann auch in Troja die lange gesuchten Gräber der trojanischen Herrscher in der Gegend vor dem Südwest-Thor der II. Burg suchen zu müssen. Er vermuthete, dass die mit grossen Steinplatten belegte Rampe, welche er früher für den Hauptaufgang zur Burg gehalten hatte, vielleicht in ähnlicher Weise an den alten Königsgräbern vorüberführe, wie in Mykenae der alte durch das Löwenthor gehende Weg das Gräberrund streift. Es wurde deshalb ein grosses Stück der vor dem Südwest-Thor noch unangerührt stehenden Schuttmassen von obenherab allmählich abgetragen, mit der stillen Hoffnung, unten tief im Felsen alte Gräber zu finden. Die Arbeit wurde gleichzeitig dazu benutzt, die Gebäude und die Topfwaare der einzelnen hier übereinanderliegenden Schichten kennen zu lernen. Die Ergebnisse dieser Grabung sind von H. Schliemann auf Seite 14 des Berichts über die Ausgrabungen des Jahres 1890 und von mir auf Seite 58 desselben Berichts dargelegt worden. Die gesuchten Königsgräber wurden allerdings nicht gefunden, schon aus dem Grunde nicht, weil die Arbeit nicht vollendet und der Fels nur an einer kleinen Stelle erreicht wurde. Aber wir machten eine andere Entdeckung, deren Bedeutung wir damals nur ahnen, noch nicht vollständig übersehen konnten, eine Entdeckung, welche für die Zeitbestimmung der trojanischen Schichten entscheidend geworden ist, weil sie den sichern Beweis lieferte, dass nicht die II. Schicht, die „verbrannte Stadt", zur Zeit des trojanischen Krieges, d. h. in der Periode der mykenischen Cultur bestanden hat, sondern die VI. (von unten gerechnet), also diejenige Schicht, welche H. Schliemann früher die lydische nannte.

Es fanden sich bei der Ausgrabung vor dem Südwest-Thor sieben übereinanderliegende Schichten von Bauwerken, welche nach der Zeit der II. Schicht dort übereinander erbaut worden sind. In der mittelsten dieser Schichten, oder nach der gewöhnlichen Zählung, wobei mit der untersten auf dem Felsen lagernden Schicht begonnen wird, in der VI. von unten, fanden wir nicht nur die Reste bedeutender Bauwerke, sondern auch zahlreiche Vasenscherben des mykenischen Stils und einige ganze Bügelkannen von der für die mykenische Periode so charakteristischen Form (vgl. Bericht 1890, S. 18 und Taf. I). Die hauptsächlichste Topfwaare dieser Schicht war die sogenannte lydische, welche von A. Brueckner im IV. Abschnitte dieses Berichts eingehend besprochen wird. Neben dieser einheimischen Keramik durfte die mykenische Topfwaare wegen ihres seltenern Vorkommens als fremde und importirte Waare bezeichnet werden. Die VI. Schicht und ihre Bauwerke mussten also noch in die Periode der mykenischen Cultur fallen.

Hierzu passte sehr gut, dass in den drei darüberliegenden Schichten nur jüngere Gebäude und meist jüngere Gegenstände

zum Vorschein kamen, und zwar in der VII. und VIII. die
wohlbekannten griechischen Topfscherben der verschiedensten
Stilarten von der archaischen bis zur hellenistischen Periode und
in der IX. oder obersten Schicht Bauwerke und Einzelfunde,
welche ihren römischen Ursprung nicht verleugnen konnten.
Die einfachen Bauwerke der V., IV. und III. Ansiedelung
und vor allem die grossen Gebäude und Burgmauern der
II. Schicht mussten also älter und letztere sogar beträchtlich
älter sein als die mykenische Zeit. Diese Schlüsse haben wir
schon im Jahre 1890 gezogen. Ich schrieb in dem Berichte,
Seite 60: „Durch diese Thatsache (nämlich die Auffindung der
mykenischen Topfscherben) ist nicht nur diese Schicht selbst
einigermassen datirt, sondern wir dürfen weiter den sichern
Schluss ziehen, dass die II. Schicht von unten, deren Burgplan
wir oben besprochen haben, älter sein muss als diese Schicht
mit den mykenischen Gefässen. Wie gross der Altersunterschied ist, lässt sich allerdings nicht bestimmen, jedoch kann er
nicht sehr klein gewesen sein, denn zwischen jenen beiden
Schichten liegen noch drei Schichten ärmlicher Ansiedelungen."
Wir hätten noch den weitern Schluss ziehen können, dass
nun die II. Schicht nicht mehr diejenige Periode in der Geschichte von Troja darstellen könne, welche von Homer besungen ist, und dass fortan die VI. Schicht einen grössern
Anspruch darauf habe, die homerische Pergamos genannt zu
werden. Der Grund, weshalb wir diese Folgerung nicht gezogen
haben, und als gewissenhafte Beobachter auch nicht ziehen
durften, war der, dass wir noch nicht wussten, ob die VI. Schicht
überhaupt eine Burg oder Stadt bilde. Bei seinen frühern Grabungen hatte H. Schliemann, wie er mehrfach betonte, in dieser
Schicht keine Bauwerke gefunden, obwol er einen grossen Theil
ihres Gebiets ausgegraben hatte. Ebenso war eine Burgmauer,
welche der VI. Schicht mit Sicherheit hätte zugeschrieben werden können, nicht vorhanden. Der einzige Bau der VI. Schicht,

den wir zur Hälfte aufgedeckt hatten und dessen Grundriss
sich feststellen liess, hatte die Form eines griechischen Tempels, und der zweite Bau, von dem nur eine Ecke freigelegt
war, schien einen ähnlichen Grundriss gehabt zu haben.
Wenn man nun in Erwägung zog, dass in den alten Burgen
von Mykenae, Tiryns und Athen, wie jetzt durch die Ausgrabungen festgestellt ist, über den zerstörten Königspalästen in
altgriechischer Zeit Tempel errichtet worden sind, so musste die
Möglichkeit zugegeben werden, dass die beiden Gebäude in
Troja auch Tempel sein konnten, die über den Ruinen der zerstörten Burg errichtet waren.

Hier konnten nur weitere Ausgrabungen eine Entscheidung
bringen, und sie würde wahrscheinlich noch bei den Grabungen
unter der Leitung H. Schliemann's im Jahre 1890 herbeigeführt
worden sein, wenn nicht die Sommerhitze und das in ihrem
Gefolge auftretende Malariafieber, an dem wir fast alle zu leiden
hatten, die Arbeiten unterbrochen hätten. Die weitere Untersuchung der VI. Schicht war deshalb als wichtigste Arbeit
für die für das Jahr 1891 geplanten Grabungen in Aussicht
genommen. Nach Schliemann's unerwartetem Tode war es
unsern Grabungen im Jahre 1893 vorbehalten, die Entscheidung
herbeizuführen. Die erzielten Resultate erheben es in der That
über jeden Zweifel:

1) dass die VI. Schicht eine stattliche Burg darstellt mit
vielen grossen Bauwerken im Innern und einer überaus mächtigen Ringmauer;

2) dass diese Burg in der mykenischen Periode blühte und
daher am meisten Anspruch darauf hat, die von Homer besungene
Pergamos von Ilion zu sein;

3) dass die viel ältere Burg der II. Schicht in vormyke-
nischer Zeit bestand und lange vor der Zeit des trojanischen
Krieges mehrmals zerstört worden ist.

Die nachfolgende Beschreibung der Bauwerke und der Einzelfunde der VI. Schicht enthält die Beweise für diese Sätze.

A. Die Gebäude im Innern der VI. oder mykenischen Burg.

Welche von den Gebäuden der VI. Schicht und wieviel
von ihnen aufgedeckt ist, zeigen die auf Tafel I und II veröffentlichten neuen Pläne der Akropolis. Auf dem erstern sind
die Bauwerke einzelner Schichten mit verschiedenen Farben bezeichnet. Die Mauern der I. Schicht haben einen violetten Ton,
diejenigen der II. einen schwarzen, die der VI. einen rothen,
die der VII. und VIII. einen grünen und diejenigen der IX.
oder obersten Schicht einen blauen Ton erhalten. Man kann
auf diesem Plane ferner deutlich erkennen, an welchen Stellen
die jüngern Gebäude über den ältern lagen oder liegen, sodass
sich bei genauer Betrachtung schon aus der Zeichnung das rela-
tive Alter der einzelnen Bauwerke bestimmen lässt. Im westlichen Theile des Planes sind nicht alle von uns aufgedeckten
Schichten gezeichnet, damit nicht das Gewirr der Mauern ein
ganz unverständliches Bild gäbe. Nur die vier obern Schichten
sind angegeben und auch von diesen nicht alle Mauern. In der
östlichen Hälfte dagegen konnten alle bisher freigelegten Gebäude gezeichnet werden, weil ihre Zahl noch nicht gross ist;
die Ausgrabungen sind hier fast an keiner Stelle bis unter die
VI. Schicht hinabgedrungen. Vereinzelte ältere Mauern, die
schon zum Vorschein gekommen sind, haben keinen Ton
erhalten.

Da hiernach auf Tafel I nur diejenigen Theile der Mauern
der VI. Schicht colorirt sind, welche nicht von jüngern Mauern
überbaut waren, fallen die Grundrisse der Gebäude der VI. Schicht
nicht sofort in die Augen; es bedarf einer längern Betrachtung
des Planes, um die Gestalt der einzelnen Bauwerke zu erkennen.
Um diesem Uebelstand abzuhelfen, ist auf Tafel II ein beson-

derer Plan der VI. Schicht gegeben, welcher zwar die Umriss-
linien aller auf Tafel I verzeichneten Bauwerke enthält, aber
die Mauern der mykenischen Schicht dadurch hervorhebt und
deutlich sichtbar macht, dass nur sie mit einem Farbentone versehen sind. Dabei sind die wirklich aufgedeckten und noch
erhaltenen Theile der Mauern durch einen vollen rothen Ton
unterschieden von denjenigen Theilen, welche entweder zerstört
sind oder noch unter dem Schutte liegen und durch eine rothe
Schraffirung als ergänzte Mauern gekennzeichnet sind. Mit
welchem Grade von Sicherheit die einzelnen Ergänzungen gemacht sind, ergibt sich ohne weiteres aus einem Vergleich der
beiden Tafeln. Wir beabsichtigen solche Einzelpläne mit nur
einer Farbe in dem grössern Werke über Troja, welches nach
dem Abschluss der Ausgrabungen von 1894 erscheinen soll, für
alle einzelnen wichtigern Schichten zu geben.

Zur Erläuterung der Tafeln mag ferner hervorgehoben werden, dass beide Pläne gleichmässig in Quadrate von 20 m Seitenlänge eingetheilt und mit denselben Buchstaben versehen sind,
welche schon auf dem Plane des Berichts über die Ausgrabungen
von 1890 zur Bezeichnung der einzelnen Quadrate gedient haben.
Jedes Viereck des ganzen Planes kann demnach in der aus den
Reisehandbüchern bekannten Weise durch einen Buchstaben und
eine Zahl, z. B. A 5 oder *II* 7, bezeichnet werden.

Der in den frühern Plänen für die Höhenzahlen gewählte
Nullpunkt ist nicht beibehalten, weil an mehrern Stellen noch
tiefer gegraben ist. Als neuen Ausgangspunkt für die Höhen-
angaben habe ich vielmehr einen Punkt der Simoeis-Ebene,
nämlich den Weg am nördlichen Fusse des Burghügels gewählt.
Er liegt 17,25 m unter dem frühern Nullpunkte. Die in den
neuen Plänen eingeschriebenen Zahlen geben also die Höhe des
betreffenden Punktes über der Simoeis-Ebene an. Wir würden
die Oberfläche des Meeres als Nullpunkt für die Höhenbestim-
mungen genommen haben, wenn uns die Meereshöhe des Weges

in der Simoeis-Ebene genau bekannt gewesen wäre. Dieses
Maass selbst zu ermitteln, war uns leider nicht möglich.

Wenn auf den Plänen bei einer Mauer nur eine Höhenzahl
angegeben ist, so bezieht sie sich auf die Oberkante der Mauer;
sind aber zwei Zahlen angegeben, so bezieht sich die eine auf
ihre jetzige Oberkante, die andere auf ihre Unterkante. Wenn
der mit einer Zahl bezeichnete Punkt neben der Mauer liegt, so
soll die Höhe des antiken Fussbodens neben dieser Mauer angegeben werden.

Schliesslich ist noch zu erwähnen, dass die den einzelnen
Schichten angehörigen Bauwerke auch dadurch auf dem Plane
voneinander zu unterscheiden sind, dass zu dem Buchstaben,
welchen das Gebäude im Plane trägt, die Zahl der Schicht
mit einer römischen Ziffer hinzugefügt ist. So bedeutet z. B.
II A Gebäude A der II. Schicht, und IX D den Bau D der
IX. oder römischen Schicht.

1. Das Gebäude VI A.
(Vgl. Fig. 2 und Taf. I und II.)

Dieser im Westen der Burg in den Quadraten A 6 und
B 6 und ausserhalb der Burgmauer der II. Schicht gelegene Bau
wurde schon im Jahre 1890 theilweise aufgedeckt. In dem Bericht über jene Ausgrabung ist sein Grundriss auf Seite 59 abgebildet. Jetzt haben wir den ganzen Bau freigelegt. Der damals veröffentlichte Grundriss hat sich dabei als richtig ergänzt
herausgestellt.

Der Grundplan ist sehr einfach. Hinter einer Vorhalle von
9,10 m Breite und 4,23 m Tiefe liegt ein stattlicher Saal von derselben Breite und 11,35 m Tiefe, welcher demnach einen Inhalt
von 105 □ m hat. Weder die Vorhalle noch der Saal waren
mit Säulen ausgestattet. Einige Mauerreste im Innern, welche
ich früher (Bericht von 1890, S. 58) vermuthungsweise als Fundamentmauern für Innensäulen in Anspruch nahm, haben sich

als Mauern der V. Schicht herausgestellt und stehen also zu
unserm Gebäude in keiner Beziehung.

Dass der Bau wegen seiner einfachen Grundrissform ebenso
gut ein Tempel wie ein Wohnhaus gewesen sein kann, ist an
der angeführten Stelle dargelegt. Während ich mich damals
nicht für eine dieser beiden Möglichkeiten zu entscheiden wagte,
darf der Bau jetzt wegen der grössern Zahl der aufgedeckten
ähnlichen Gebäude für ein Wohnhaus oder Megaron erklärt
werden. Allerdings ist im Innern kein runder Herd gefunden
worden, wie in den Megara von Tiryns und Mykenae und in
dem Megaron II A von Troja. Aber man konnte in der Mitte
des Saales noch eine Aschenschicht erkennen, die wahrscheinlich
von einem Herde herrührt. Unter den Fundamenten der aus
einer jüngern Zeit stammenden Mauer VII A, welche auf unserer
Fig. 2 quer über das Megaron hinweggeht, ist diese Asche noch
jetzt zu sehen.

Ein beachtenswerther Unterschied besteht zwischen der Vorhalle unsers Gebäudes und derjenigen des viel ältern Megaron
der II. Schicht. Während nämlich die letztere quadratisch ist,
bildet jene ein Rechteck, dessen Tiefe nicht einmal halb so gross
ist als seine Breite. Da nun die Vorhallen der meisten griechischen Tempel und der Königshäuser von Tiryns und Mykenae
dieselbe rechteckige Gestalt haben, steht das Megaron VI A schon
den mykenischen und noch jüngern Bauten näher als den alten
Bauten der II. Schicht.

Die Fundamente des Hauses bestehen aus wenig bearbeiteten, etwa 1 m langen Steinen und haben eine Tiefe von drei
Schichten. Die aufgehenden Mauern, soweit sie noch erhalten
sind, zeigen besser bearbeitete und viel kleinere Steine, welche
meist die Gestalt vierseitiger Prismen von durchschnittlich 0,20
bis 0,30 m Breite und Höhe und mindestens doppelter Länge
haben. Sie liegen mit ihrer Längsaxe quer zur Mauer, wie aus
Abbildung 2 zu ersehen ist, und zeigen sich an der Aussenseite

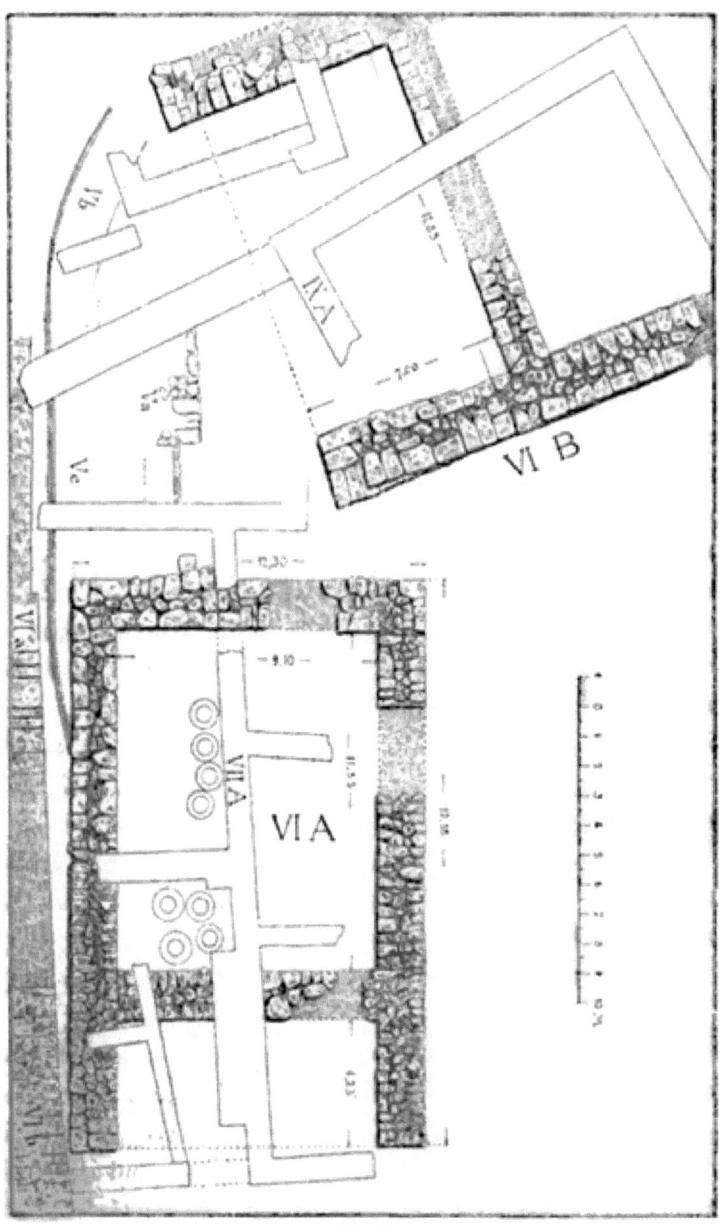

Fig. 2.

Die Häuser VI A und VI B der VI. Schicht und einige ältere und jüngere Mauern.

DÖRPFELD, Troja 1893.

als regelmässige kleine Quadrate. In dem Grundrisse sieht man an einigen Stellen die aus grossen Steinen zusammengesetzten Fundamente, an andern die kleinern und schmalen Steine der Obermauer. Die letztere ist meist nur eine Schicht hoch erhalten, an einer Stelle der nördlichen Längsmauer liegen aber noch drei Schichten übereinander. Diese Längswand ist auf der photographischen Abbildung in Fig. 19 in der Mitte zu sehen. Wie die obern jetzt zerstörten Theile der Wände gebildet waren, lässt sich daher an dem Bau selbst nicht mehr erkennen. Man möchte mit Rücksicht auf die bedeutende Dicke der Mauern (1,60 m) an einen Aufbau aus ungebrannten Ziegeln denken; jedoch ist diese Annahme ausgeschlossen, weil keinerlei Ziegelbrocken bei der Ausgrabung gefunden sind. Ausserdem bestehen die Mauern des in der obern Schicht befindlichen Gebäudes, dessen Wände auf Abbildung 2 weiss gelassen und mit VII A bezeichnet sind, aus denselben gut bearbeiteten Steinen, welche unzweifelhaft dem ältern Gebäude entnommen und hier zum zweiten Male verwendet sind. Die grosse Anzahl dieser prismatischen Steine, wie ich sie der Kürze halber nennen will, beweist schlagend, dass die Wände unsers Megaron bis zum Dach aus Steinen bestanden und keine Luftziegel enthielten.

Diese Thatsache ist von grosser Wichtigkeit; das Fehlen der Luftziegel ist ein charakteristisches Merkmal der Bauwerke der VI. Schicht im Gegensatze zu denen der ältern II. Burg. Die VI. Schicht war eine Stein-Burg, die II. eine Lehm-Burg.

In dieser Thatsache müssen wir auch den Grund dafür sehen, dass nicht nur unser Megaron VI A, sondern alle Gebäude der VI. Schicht so vollständig zerstört sind, dass meist nur die Fundamente und manchmal nicht einmal diese übrig geblieben sind. Das Baumaterial der verbrannten und zerstörten Lehmbauten war nicht wieder zu gebrauchen; die zerstörten Steinbauten dienten dagegen als gutes und bequem zu benutzendes

Baumaterial für diejenigen Ansiedler, welche über der zerstörten Burg ihre Wohnungen errichteten.

Hinter dem Megaron VI *A* kommt allerdings eine Mauer aus ungebrannten Ziegeln vor, nämlich auf einer geböschten Steinmauer an der Stelle, die auf Fig. 2 mit V *c* bezeichnet ist. Sie gehört aber nicht zur VI. Schicht, sondern zu der tiefer liegenden V., weil sie unter der westlichen Längsmauer des Megaron VI *A* verschwindet.

Die architektonische Ausbildung des Megaron scheint eine sehr einfache gewesen zu sein. Antensteine, wie sie in Tiryns und schon bei den Megara der II. trojanischen Burg vorkommen, haben sich nicht gefunden und scheinen auch nicht vorhanden gewesen zu sein. Allerdings waren sie bei einem Gebäude, welches aus gut bearbeiteten Steinen erbaut war, aus technischen Gründen nicht so unbedingt nothwendig, wie bei den aus Lehmziegeln oder aus Bruchsteinen mit Lehm errichteten Bauwerken, deren freie Ecken mit hölzernen Anten verstärkt werden mussten. Trotz des Fehlens dieser Antensteine können die vordern Mauerecken der Vorhalle sehr wohl durch einfache Kapitelle als Parastaden ausgebildet gewesen sein. Steine, welche in dieser Weise verwendet sein konnten, sind aber nicht gefunden worden.

Auffallender ist es, dass sich zwischen den Anten weder Säulen noch Fundamente für solche vorfinden. Denn bei der grossen Breite der Halle (12,30 m) musste man Säulen zur Unterstützung des Deckbalkens erwarten. In den Megara von Tiryns und Mykenae finden wir regelmässig zwei Säulen zwischen den Anten, und bei den spätern griechischen Vorhallen sehen wir sie schon bei viel kleinern Abmessungen, wo sie sehr wohl hätten entbehrt werden können. Obwol die Möglichkeit nicht ausgeschlossen ist, dass die Fundamente später vernichtet sind, und daher ursprünglich doch Säulen vorhanden waren, halte ich es für ziemlich sicher, dass niemals Säulen zwischen den Anten standen, weil nicht nur bei dem Megaron VI A, sondern auch bei zwei andern Gebäuden derselben Schicht (B und C) jede Spur eines Säulenfundaments fehlt. Es müssen also starke Holzbalken von der einen Ante bis zur andern hinüber gereicht haben, Balken, welche im Stande waren, die ganze Decke der Vorhalle zu tragen.

In Bezug auf die Ausstattung der Vorhalle steht also das Megaron noch mit den Gebäuden der viel ältern II. Schicht auf einer Stufe und weist noch nicht die vollkommenere Form auf, welche die Vorhallen der Königshäuser von Tiryns und Mykenae und der meisten griechischen Tempel zeigen.

Welche Thüren das Megaron hatte und ob es Fenster besass, ist an der Ruine selbst nicht festzustellen. Eine Verbindungsthür zwischen dem Saale und der Vorhalle muss selbstverständlich vorhanden gewesen sein und darf in der Mitte der Zwischenwand angesetzt werden. Ihre Abmessungen sind gänzlich unbekannt, und daher kann die Frage, ob die Beleuchtung des Saales durch die Thür allein ausreichte, nicht einmal aufgeworfen werden.

Das über dem Megaron befindliche Dach kann nicht mit Dachziegeln aus Thon oder Stein eingedeckt gewesen sein, weil sich auch nicht das geringste Stück solcher Ziegel gefunden hat. Es muss entweder ein horizontales Erddach oder ein steiles mit Schilf oder Rohr eingedecktes Dach vorhanden gewesen sein. Für welche dieser beiden Lösungen die grössere Wahrscheinlichkeit spricht, wage ich noch nicht zu entscheiden.

2. Das Gebäude VI B.
(Vgl. Fig. 2 und Taf. I und II.)

Schon im Jahre 1890 wurde eine Ecke dieses nördlich vom Megaron A in den Quadraten A 5 und B 5 gelegenen Gebäudes freigelegt. Sein Grundriss war damals noch nicht zu erkennen.

Im verflossenen Jahre haben wir nicht nur die zweite Ecke aufgedeckt, durch welche die Gestalt der Vorhalle gesichert wird, sondern es sind auch noch einige vereinzelte Steine der nordwestlichen Längswand zum Vorschein gekommen. Die Form des Grundrisses ist dadurch gesichert. Der Bau bestand aus einer Vorhalle und einem Saale, hatte also denselben Grundriss wie VI A. Unbekannt ist nur die Tiefe des Saales, weil der ganze hintere Theil nicht mehr existirt. Wieviel hiervon schon im Alterthum zerstört worden ist, lässt sich nicht sagen, da möglicherweise auch bei den frühern Ausgrabungen Schliemann's einzelne noch vorhandene Steine der Fundamente entfernt worden sind.

Der Bau, den wir nach seiner Grundrissform auch als Megaron bezeichnen dürfen, hat sehr grosse Abmessungen, durch die er alle bisher aufgedeckten Megara übertrifft. Die Vorhalle ist im Lichten 11,ss m breit und 7 m tief; der Saal wird bei einer Breite von 11,ss m mindestens 15 m tief gewesen sein. Sein Inhalt umfasste also etwa 175 ⬜ m.

Von den Mauern sind nur die Fundamente erhalten, das aufgehende Mauerwerk ist überall schon im Alterthum verschwunden. Die Fundamente sind, ebenso wie bei dem Bau VI A, aus mächtigen, wenig bearbeiteten Kalksteinen errichtet, von denen zwei fast die ganze Mauerstärke von circa 2,10 m ausmachen. Der geringe Zwischenraum zwischen ihnen ist mit kleinern Steinen ausgefüllt.

Eine kleine Unregelmässigkeit der Vorhalle, welche darin besteht, dass die linke oder nordwestliche Antenwand etwas länger ist als die andere, ist offenbar dadurch veranlasst, dass das beträchtlich tiefer hinabreichende Fundament der linken Mauer zur Vermehrung der Festigkeit ein Stück über die Parastas hinausgeführt ist. Da zwischen den Anten keine Fundamente für Säulen gefunden sind, scheinen auch bei dieser Vorhalle keine Säulen zur Unterstützung des Deckbalkens vorhanden gewesen zu sein, obgleich bei der Grösse der Spannweite eine solche sehr nothwendig war. Der Deckbalken muss eine ausserordentliche Stärke gehabt haben.

Ueber die Gestalt der Oberwände ist bei diesem Bau noch weniger zu sagen als bei dem Megaron VI *A*.

3. Das Gebäude VI *C*.
(Vgl. Fig. 3 und Taf. I und II.)

Was von dem in der östlichen Hälfte der Akropolis in den Quadraten *H* 5 und *I* 6 aufgefundenen Gebäude VI *C* erhalten ist, ersieht man aus den Zeichnungen. Es sind nur Stücke der Fundamentmauern und eine einzige Säulenbasis. Aber diese Reste genügen, um den Plan des Baues zu erkennen und mit Sicherheit zu ergänzen. Wir haben wieder einen grossen Saal mit einer Vorhalle vor uns, doch bemerken wir bald zwei wichtige Abweichungen von den beiden schon besprochenen Grundrissen: Der Saal war mit Innensäulen versehen, und die Vorhalle hat eine auffallend geringe Tiefe.

Erhalten ist das Fundament fast der ganzen rechten oder südlichen Längsmauer und ein kleines Stück der andern Längswand, ferner fast die ganze Innenwand und die östliche Abschlussmauer. Die Bauart ist wieder dieselbe wie bei den schon besprochenen Häusern, denn die Fundamentmauern bestehen aus zwei Reihen grösserer Steine, zwischen denen zur Ausfüllung kleinere Steine vermauert sind. Die aufgehenden Wände sind ganz zerstört, dürfen aber ohne Bedenken als Steinmauerwerk ergänzt werden. Die Fundamentstärke beträgt bei den Längsmauern etwa 1,40 m, bei der Zwischenmauer 1 m und bei der östlichen Abschlussmauer 1,80 m. Obgleich diese Maasse wegen der Unregelmässigkeit der Steine nicht genau sind, lässt sich doch eine auffallende Verschiedenheit in den Mauerstärken nicht verkennen. Dass die Zwischenmauer, die von der Decke nur

sehr wenig zu tragen hatte, dünner gemacht wurde als die
Aussenmauern, ist begreiflich; warum aber die bintere Quermauer

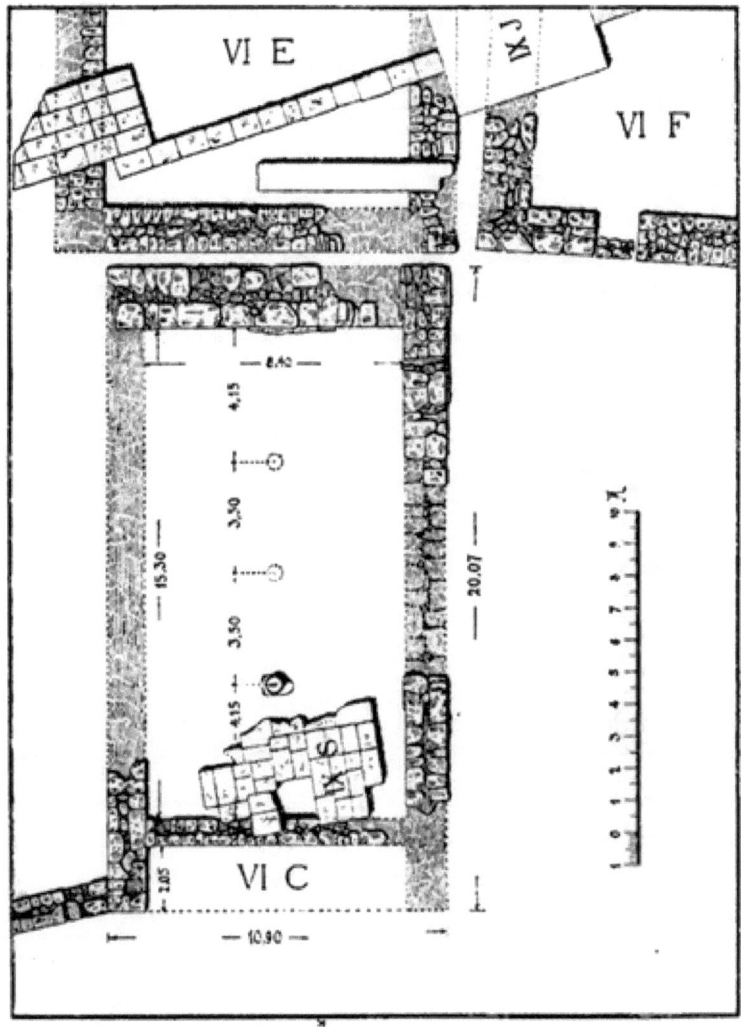

Fig. 3. Drei Gebäude der VI. Schicht und einige jüngere Anlagen.

0,₅₀ m stärker ist als die Längsmauern, vermag ich nicht mit
Sicherheit zu sagen. Vielleicht sollte die Mauer als Stützmauer

den Höhenunterschied des Terrains ausgleichen, welcher gerade
hier bestanden hat.

Der Saal war 8,40 m breit und 15,30 m lang, hatte also einen
Flächeninhalt von etwa 129 □ m. Durch eine mittlere Säulen-
stellung war er in zwei Schiffe getheilt, wie die eine noch an
ihrer alten Stelle gefundene Säulenbasis sicher beweist. In den
Figuren 4a, 4b und 4c sind Abbildungen dieser wichtigen Basis
gegeben. Sie besteht aus einem unregelmässigen Stein, auf
dessen Oberfläche ein Cylinder von 0,57 m Durchmesser und
0,28 m Höhe angearbeitet ist. Von den Säulenbasen, welche in
andern Burgen der mykenischen Epoche gefunden sind, unter-

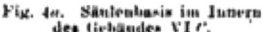
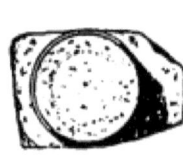
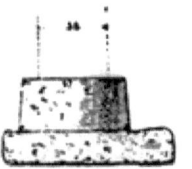

Fig. 4a. Säulenbasis im Innern   Fig. 4b und 4c. Grundriss und Aufriss
     des Gebäudes VI C.   der Säulenbasis.

scheidet sie sich nur durch die grössere Höhe des cylinderförmigen
Stückes. Die Säule selbst bestand jedenfalls aus Holz und hatte
einen Durchmesser von nur 0,48 m, wie an den Verwitterungs-
spuren auf der Oberfläche der Basis deutlich zu sehen ist. Der
Basisstein trat also nach der schon aus ägyptischen Denkmälern
bekannten Weise weit über den Schaft der Säule vor. Da von
der Säule selbst natürlich nichts gefunden ist, wissen wir nicht,
ob irgendwelche Aehnlichkeit zwischen ihr und den mykenischen
Säulen bestand.

Wie viele Säulen haben im Innern des Saales gestanden?
Da die gefundene Basis 4,15 m von der Quermauer entfernt ist,
muss eine zweite Basis nothwendigerweise in derselben Entfernung von der Hinterwand gestanden haben. Der Abstand
dieser beiden Säulen betrug demnach 15,30 m — 2 × 4,15 m = 7 m.

Das ist zuviel für eine einzige Axweite. Nehmen wir noch
eine dritte Säule zwischen den beiden an, so erhalten wir für
jede Axweite 3,50 m, also ein Maass, welches zwar etwas kleiner
ist als die Abstände der Basen von den Wänden, aber im
übrigen sehr gut passt. Ergänzen wir dagegen zwei Zwischen-
säulen, so ergeben sich Axweiten von nur 2,33 m, die für stei-
nerne Balken, aber nicht für Holzbalken passen würden. Auch
müsste in diesem Falle zwischen den Mauern und den ersten
Säulen noch je eine Zwischenstütze angenommen werden, wobei
sich eine noch kleinere Axweite ergeben würde. Die Zahl der
Säulen darf hiernach im Ganzen auf drei festgestellt werden.

Durch die Auffindung der einen Basis und die dadurch er-
möglichte Ergänzung der drei Innensäulen gewinnt der Bau VI C
eine hervorragende Bedeutung. Er tritt heraus aus der Reihe
der andern trojanischen Gebäude und darf mit Bauten wie dem
Tempel von Neandria (vgl. Koldewey im Winckelmanns-Pro-
gramm der Archäologischen Gesellschaft in Berlin 1892) verglichen werden. Da der letztere wegen seiner Ringhalle[1] sicher
ein Tempel war, entsteht die Frage, ob unser Gebäude VI C
nicht auch ein Tempel gewesen ist. Wir werden diese Frage
später zu beantworten suchen. Die Vorhalle hatte die geringe Tiefe von 2,05 m. Säulenbasen oder Fundamente für solche sind hier nicht erhalten und
daher scheinen auch niemals Säulen zwischen den Parastaden
vorhanden gewesen zu sein. Wo die Thür zwischen Vorhalle
und Saal lag, wissen wir nicht; es ist selbst unbekannt, ob eine
oder zwei Thüren zu ergänzen sind. Das auf Fig. 3 mit IX S bezeichnete Fundament aus grossen
Porosquadern gehört der römischen Zeit an und scheint ein
grosses Weihgeschenk getragen zu haben.

---

[1] Das ehemalige Vorhandensein dieser Ringhalle und die Unrichtigkeit
der seltsamen Kapitelle werde ich an anderer Stelle nachweisen.

4. Das Gebäude VI *D*.

(Vgl. Fig. 5 und Taf. I und II.)

Nördlich von dem besprochenen Gebäude VI *C* ist die Ecke
eines weitern Baues der VI. Schicht zum Vorschein gekommen,
der leider fast ganz zerstört ist. Er ist abgebrochen worden,
als die tiefen Fundamente für den grossen Athena-Tempel hergestellt wurden. Nur seine Südost-
Ecke ist erhalten. Dass wir in ihm
auch einen Bau der mykenischen
Schicht erkennen dürfen, geht erstens
aus seiner Bauweise klar hervor. In
den Mauerstücken erkennt man dieselben prismatischen Steine, welche
sich bei dem Megaron VI *A* vorfinden.
Es geht zweitens auch aus der Thatsache hervor, dass die beiden Bauten
C und *D* durch eine Mauer verbunden
sind, welche scheinbar die Grenzmauer
für einen vor dem Gebäude *C* befindlichen Hof war. Die Art des An-
schlusses dieser Mauer an beide Gebäude stellt es ausser Zweifel, dass
die letztern gleichzeitig sein müssen.
Die nebenstehende Abbildung der
Mauer und der beiden Gebäudeecken

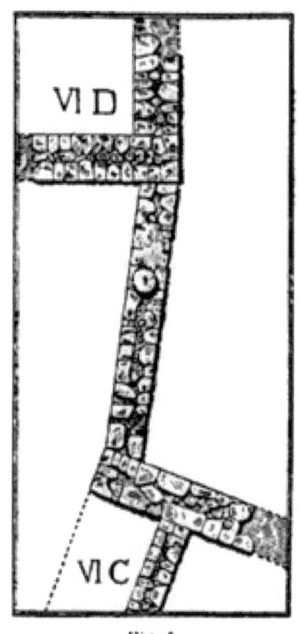

Fig. 5.

Verbindungsmauer zwischen den
Gebäuden VI *C* und VI *D*.

lässt dies deutlich erkennen; sie zeigt aber ausserdem, dass auch
die Bauart der Mauer zu derjenigen der besprochenen Wohnhäuser passt. In der Mauer bemerkt man einen runden Stein,
der einer Säulenbasis ähnlich ist und möglicherweise einst eine
Säule getragen hat. War dies wirklich der Fall, so würde der
Hof vor dem Gebäude VI *C* nicht von einer geschlossenen Wand,
sondern wenigstens an dieser Seite von einer Stützenstellung

begrenzt gewesen sein. Ich will aber nicht unterlassen hinzu-
zufügen, dass den meisten Besuchern der Ausgrabungen der
runde Stein keine Säulenbasis zu sein schien.

5. Das Gebäude VI E.
(Vgl. Fig. 3 und Taf. I und II.)

Unmittelbar hinter dem tempelartigen Bau VI C ist ein
fünftes Gebäude der mykenischen Schicht gefunden, welches
noch nicht ganz freigelegt werden konnte. Wir kennen bisher
nur einen Saal von etwa 9,50 m Breite und unbekannter Tiefe,

Fig. 6. Die Ecken der drei Gebäude VI C, VI E und VI F.

weil die östliche Grenzwand noch nicht gefunden ist. Sie liegt
noch unter den Mauern der jüngern Schichten vergraben. Vermuthlich hat der Eingang in den Bau an der Ostseite gelegen.
Wie er gestaltet war, wird erst durch weitere Ausgrabungen
ermittelt werden können. Die etwa 1,50 m starken Mauern sind
mit gut bearbeiteten Steinen von prismatischer Form hergestellt.
Die sorgfältige Bearbeitung und Fügung der Steine zeigt sich
besonders an der Südwest-Ecke, wo noch mehrere Schichten
erhalten sind. Auf der obenstehenden Abbildung (Fig. 6) ist
sie zwischen den beiden Ecken der Gebäude VI C und VI F zu
sehen. Die vorzügliche Bearbeitung fällt hier besonders in die
Augen, weil die beiden andern Bauten aus rauhen, wenig be-

arbeiteten Steinen zusammengefügt sind. Wenn man die drei
Gebäude nicht hier zusammen, sondern an verschiedenen Orten
fände, würde man kein Bedenken tragen, die schöne Ecke für
ein griechisches, die beiden andern Ecken für cyklopische vor-
griechische Werke zu halten. Und doch kann über ihr gleich-
zeitiges Bestehen und über die Zugehörigkeit aller drei Bauwerke zu der VI. Schicht auch nicht der geringste Zweifel
bestehen. Man braucht nur die Lage der drei Bauten zueinan-
der im Grundriss aufmerksam zu betrachten, um sich hiervon
vollkommen zu überzeugen. Es kommt aber noch hinzu, dass
in allen Gebäuden dieselben Vasenscherben gefunden sind, nämlich die früher lydisch, jetzt „entwickelt troisch" genannte Topfwaare und dazu mehrere Scherben mykenischen Stils.

Die gewöhnliche Bauart der mykenischen Periode bestand
allerdings in der Verwendung grösserer oder kleinerer fast un-
bearbeiteter Steine mit Lehm oder Erde als Mörtel. Dass man
aber auch schon damals Steine sorgfältig zu bearbeiten und
regelrecht zusammenzufügen verstand, ist für denjenigen, der die
Kuppelgräber von Mykenae und Orchomenos und die Mauern
im Hofe des Megaron von Mykenae gesehen hat, eine bekannte
Thatsache. Unwillkürlich denkt man bei einem solchen mit
geglätteten Steinen erbauten Hause auch an die ξεστοῖς λάεσσι
λίθοισι, welche Homer in der Pergamos von Troja beschreibt
(Ilias VI, 248).

6. Das Gebäude VI F.
(Vgl. Fig. 3 und Taf. I und II.)

Südlich von dem vorher besprochenen ist ein Gebäude zu
Tage getreten, welches ebenfalls noch nicht ganz ausgegraben
ist. Nur sein westlicher Theil ist bekannt, der östliche ist noch
von jüngern Bauten und Schuttmassen bedeckt. Seine Breite
beträgt fast 12 m. Die Umfassungsmauern sind etwa 1,40 m
stark und in derselben Höhe theils aus grossen, theils aber aus

kleinern Steinen erbaut. Eine Erklärung für diese Unregelmässigkeit ist noch nicht gefunden. In der nördlichen Hälfte
der westlichen Wand ist eine kleine Thür von 1,40 m Breite
erhalten, welche in einer spätern Zeit halb zugemauert worden
ist. Sie besass eine hölzerne Thürumrahmung: denn von Holzbalken rühren die Hohlräume her, welche jetzt in dem spätern
Mauerwerk zu sehen sind. Den Haupteingang dürfen wir auch
bei diesem Bau an der Ostseite suchen.

7. Das Gebäude VI G.

Von einem siebenten Bau der VI. Schicht sind bisher nur
kleine Stücke aufgedeckt; sie liegen neben dem vorher beschrie-
benen Gebäude VI F im südöstlichen Theile der Akropolis in
den Quadraten II 7 und II 8. Quer durch diesen Bau hatte
Herr Schliemann bei seinen ersten Ausgrabungen den grossen
Ostgraben gezogen, ohne ihn als Bau der VI. Schicht zu erkennen. Seine Mauern sieht man jetzt schräg durchschnitten
an beiden Seiten des Grabens. Zum Glück ist an der Westseite des Grabens noch gerade die westliche Parastas stehen geblieben, durch welche eine Ergänzung des ganzen Grundrisses
ermöglicht wird. Dieser bildete ein Rechteck von etwa 9 m
Breite und 21 m Länge. Die Vorhalle war nach Südwesten
gerichtet. Ueber die Inneneintheilung sind wir noch nicht unter-
richtet; bei der grossen Länge des Baues möchte man zwei ge-
schlossene Zimmer und eine offene Vorhalle annehmen. Die
letztere hat an der Südwest-Seite jedenfalls so gelegen, wie in
den Plänen ergänzt ist. Ihre Tiefe ist unbekannt. Die Richtung des Gebäudes war unzweifelhaft durch die Richtung der
später zu besprechenden Burgmauer vorgeschrieben, wie es auch
bei dem Megaron VI A der Fall war.

8. Die übrigen Gebäude der VI. Schicht.

Ausser den sieben genannten Bauwerken sind noch einige
Reste von Gebäuden der VI. Schicht vorhanden, welche keine
besondere Erwähnung verdienen, theils weil ihre Zugehörigkeit
zu der mykenischen Burg noch nicht vollkommen gesichert ist,
theils weil die bisher aufgedeckten Stücke nicht bedeutend genug sind, um im Einzelnen beschrieben zu werden. Es gehören
dahin ein antenförmiges Mauerstück neben dem Gebäude VI G,
das auf dem Plane mit VI H bezeichnet ist, mehrere Mauerecken westlich von dem Gebäude VI F, und namentlich eine
Mauer mit kurzer Querwand in den Quadraten $D\,7$ und $C\,8$.
Von dem letztern Gebäude, welches wahrscheinlich zu den
Wirthschaftsanlagen der Burg gehörte, wird weiter unten in
dem Abschnitte über die keramischen Funde noch die Rede sein.

9. Bauart und Höhenlage der Gebäude der VI. Schicht.

Fassen wir schliesslich unsere Beobachtungen über die
Bauwerke zusammen, so ist zunächst zu constatiren, dass sie
nicht, wie es z. B. in der Burg Tiryns der Fall ist, eine zusam-
menhängende Gebäudegruppe bilden, sondern aus alleinstehen-
den einzelnen Bauten bestehen, deren Grundrisse, soweit sie
bekannt sind, grosse Aehnlichkeit mit dem Megaron der mykenischen Epoche und mit dem einfachen griechischen Tempel
haben. Sodann sind die Abmessungen der Zimmer und die
Wandstärken auffallend gross. In Tiryns gibt es nur einen
grossen Saal von 116 □ m, in Mykenae ist bisher auch nur ein
grosser Saal von 149 □ m bekannt, in Troja haben wir dagegen
schon jetzt eine ganze Anzahl solcher Säle, von denen drei —
welche nicht einmal die grössten gewesen zu sein brauchen, weil
die Anlagen aus der Mitte der Burg nicht mehr erhalten sind —
105, 129 und etwa 175 □ m gross waren.

Die Bauart der Mauern ist besser als bei den Häusern von Tiryns und Mykenae. Bei diesen bestehen die Wände aus wenig bearbeiteten Steinen mit Lehmmörtel oder aus Lehmziegeln und vereinzelten Hausteinen, während in Troja nur die Fundamente aus rauhen Steinen, die aufgehenden Wände aber aus ziemlich gut, zuweilen sogar aus sehr gut bearbeiteten Steinen hergestellt sind. Dafür fehlen den trojanischen Bauten freilich die architektonisch ausgestalteten Parastaden und Holzsäulen der Vorhallen.

Eine feste Orientirung der einzelnen Gebäude ist nicht vorhanden, sie sind vielmehr nach allen Himmelsgegenden gewendet. Die Richtung der Burgmauer scheint im allgemeinen für die Orientirung massgebend gewesen zu sein. Bei einigen Gebäuden lässt sich das sogar mit Sicherheit aussprechen.

Die bisher bekannten Gebäude der VI. Schicht liegen sämmtlich in demjenigen Theile der Burg, welcher sich ausserhalb der Burg der II. Schicht befindet. Im Innern der II. Burg hat H. Schliemann bei seinen frühern Ausgrabungen, wie er öfter ausgesprochen, gar keine Bauwerke der VI. Schicht gefunden, und auch wir haben jetzt in den im Innern der II. Burg noch unangetastet aufrechtstehenden Erdklötzen, welche noch alle Schichten enthalten, keine Bauwerke finden können, welche mit Sicherheit der mykenischen Schicht zugetheilt werden dürften. Wer, ohne die Verhältnisse genau zu kennen, diese Thatsachen in Erwägung zieht, wird zunächst zu der Vermuthung verleitet, dass die vermeintlichen Gebäude der VI. Schicht nur einer Vorburg oder Unterstadt der II. oder verbrannten Burg angehören. Wer aber die in die Pläne eingeschriebenen Höhenzahlen vergleicht und sich nach ihnen ein Bild der verschiedenen Schichthöhen zu machen sucht, wer ferner die in den Gebäuden gemachten Einzelfunde in Betracht zieht, und wer endlich auf dem Plane bemerkt, dass die beiden Bauten VI *C* und VI *D* nicht nur über die Burgmauer der II. Schicht hinübergreifen,

sondern auch mehrere Meter über ihr liegen, der wird sich, auch
ohne die Ruinen und die Erdschichten an Ort und Stelle gesehen zu haben, bald davon überzengen, dass jene Vermuthung
gänzlich unhaltbar ist.

In der Mitte des Burghügels sind die Gebäude der VI. Schicht
deshalb nicht gefunden worden, weil sie schon von den Römern
bei dem vollständigen Umbau der Akropolis zerstört wurden.
Wie und weshalb dies geschah, muss mit einigen Sätzen und
unter Verweisung auf den in Fig. 7 mitgetheilten Durchschnitt
dargelegt werden.

Die Burg der VI. Schicht war nicht horizontal, ihre Mitte
lag vielmehr um mehrere Meter höher als die in der Nähe der
Burgmauer befindlichen Theile. Diese Verschiedenheit der Höhenlage war eine natürliche Folge der Entstehungsgeschichte der
Burg. Die ältesten Ansiedelungen auf dem Hügel hatten einen
kleinen Umfang gehabt und waren durch die Schuttmassen der
zerstörten Häuser und Burgmauern allmählich grösser geworden.
Auf denjenigen Seiten des Hügels, wo der Abhang eine geringe
Höhe hatte, mussten sich diese Schuttmassen weiter ausbreiten
als auf denen, deren Höhe ganz beträchtlich war. Wir finden
daher, dass bei den neuen Ansiedelungen sich die Burg am
meisten nach Osten und Süden, etwas weniger nach Westen
und nur sehr wenig nach Norden nach dem tiefliegenden Simoeis-Thale ausgedehnt hat. Die Erweiterungen des Burghügels
lagen naturgemäss etwas niedriger als die Mitte des Hügels, und
nur durch eine künstliche Ebnung und die Errichtung starker
Stützmauern konnte eine ganz horizontale Burgfläche hergestellt
werden. Bei der Anlage der II. und IX. Burg, also in prä-
historischer und römischer Zeit ist eine solche Planirung erfolgt.
Bei den andern Ansiedelungen oder Neubauten sind aber entweder gar keine Erdarbeiten vorgenommen worden, wie bei der
III. bis V. und bei der VII. und VIII. Schicht, oder man hat
sich darauf beschränkt, den runden Schutthügel in einzelne

Terrassen abzutheilen, sodass die Mitte am höchsten, die Theile in der Nähe der Umfassungsmauer auf etwas tiefern Terrassen lagen. Das letztere Verfahren ist bei Errichtung der VI., der mykenischen Burg gewählt worden.

Wie gross der Höhenunterschied der einzelnen Terrassen war, ist noch nicht mit Bestimmtheit zu sagen. Nach unserer jetzigen Kenntniss der Erdschichten dürfen wir den Unterschied aber auf mindestens 7 m schätzen. Der Fussboden des Gebäudes VI A liegt nämlich etwa 23 m über der Simoeis-Ebene, die Mitte der Burg wird dagegen mindestens ein Höhenmaass von 30 m gehabt haben.

Die Burgen der mykenischen Epoche scheinen fast alle terrassenförmig gewesen zu sein, denn nicht nur in Tiryns und Mykenae finden wir bedeutende Höhenunterschiede zwischen den einzelnen Theilen der Burg, sondern auch die Akropolis von Athen war, wie durch die Ausgrabungen erwiesen ist, in ältester Zeit in mehrern Terrassen aufgebaut, von denen einige trotz der spätern durchgreifenden Umbauten sich immer erhalten haben.

Als die VI. Burg zerstört war, bekam der Hügel wieder die abgerundete Form, die er früher gehabt hatte. Ringsherum wurden die Schuttmassen zum Theil von den Resten der Burgmauer zusammengehalten, die ihrerseits auch theilweise vom Schutt bedeckt war. Auf der hügeligen Fläche erbauten die Bewohner der VII. und VIII. Schicht ihre einfachen Wohnhäuser und Tempel und stellten dabei wahrscheinlich die Burgmauer einigermassen wieder her.

Eine wesentliche Aenderung trat in hellenistischer oder wahrscheinlicher erst in römischer Zeit ein, als die Burg zu einer Akropolis der neuen Stadt und zu einem prächtigen Heiligthum der Athena umgebaut wurde. Zu diesem Zwecke wurde die ganze Burg in der Weise geebnet, dass der höhere mittlere Theil abgetragen und die Erdmassen zum Aufhöhen der Ränder

benutzt wurden. Auf diese Weise wurden in der Mitte der
Burg nicht nur die Häuser der VII. und VIII. Schicht, sondern
auch die stattlichern Bauwerke der mykenischen Epoche zerstört.
In der Nähe der Burgmauer dagegen blieben alle diese Bauten
in ihren Resten erhalten. Unter der römischen Schicht mit
ihren mächtigen Quaderfundamenten findet man daher in der
Mitte der Burg unmittelbar die einfachen Häuser der V. Schicht.
Etwas näher zu der Burgmauer treten dazwischen noch die
Mauern der mykenischen Schicht auf, und ganz nahe bei der
Burgmauer kommen ausserdem noch die griechischen Häuser
der VII. und VIII. Schicht hinzu.

Den so geschilderten Thatbestand veranschaulicht die nebenstehende Skizze (Fig. 7), welche einen schematisch und ohne
Maasstab gezeichneten Durchschnitt durch den Burghügel und
seine vielen Ansiedelungen von Norden nach Süden darstellt.
Zu unterst, unmittelbar auf dem natürlichen Felshügel, sieht
man die Mauerreste der I. Schicht; darüber breitet sich die
horizontale Fläche der II. Burg aus, deren Umfassungsmauer
links vielleicht bis zur Simoeis-Ebene hinabreicht. Die Ruinen
der II. Schicht werden von den einfachen Wohnhäusern der
III., IV. und V. Schicht überdeckt, welche sich nach rechts
weit über das Plateau der Unterstadt ausdehnen; nach dem
tiefen Simoeis-Thale hin tragen diese Schichten nur wenig zur
Erbreiterung des Burghügels bei. Es folgt die mit starken
Burgmauern eingefasste VI. Schicht, welche aus mehrern Terrassen besteht. Ihr Fussboden ist in der Skizze durch eine
doppelte Linie und eine einfache Schraffirung hervorgehoben.
Ihre zerstörten Reste werden überdeckt von den Bauten und
Schuttschichten der VII. und VIII. Ansiedelung, welche sich
nach rechts bedeutend senken. Die Römer erbauen nun ihre
Gebäude nicht oben über der VIII. Schicht, sondern schneiden
die ganze Spitze des Hügels bis zu der horizontalen Linie ab
und gewinnen so eine ebene Fläche für ihre Akropolis. Aus

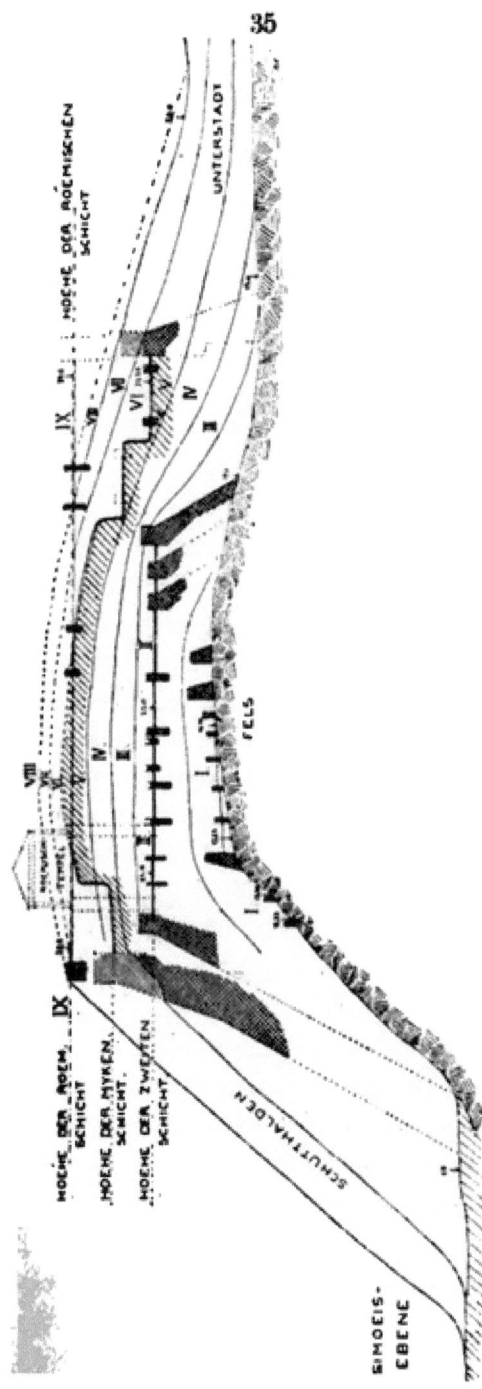

Fig. 7. Schematischer Durchschnitt durch den Burghügel mit Angabe der verschiedenen Schichten.

der Zeichnung geht deutlich hervor, dass die Mauern der Innengebäude der VI. Schicht hauptsächlich nur in den Erweiterungen der Burg, und die griechischen Bauten nur in einem noch kleinern Gebiete, nämlich noch näher bei der Burgmauer gefunden werden können.

Ganz ähnlich liegen übrigens die Verhältnisse auf der Akropolis von Athen, auf welcher die ältesten Hausmauern der mykenischen Zeit nur in der Nähe der Burgmauern erhalten sind, während sie in der Mitte bei Erbauung des Parthenon und der damit zusammenhängenden Planirung der Burgfläche abgetragen worden sind.

Wenn man diese Verhältnisse in Erwägung zieht, wird man sich nicht mehr darüber wundern, dass H. Schliemann im Innern der Burg keine Bauwerke der VI. Schicht fand und die Hypothese aufstellte, die Bauten dieser Schicht, deren Topfwaare ihm überall entgegentrat, hätten ausschliesslich aus Holz bestanden. In den grossen nach Westen, Süden und Osten gezogenen Gräben hätte er freilich die Gebäude finden müssen. Wenn er sie hier verkannt und an einigen Stellen sogar zerstört hat, so ist das dadurch zu erklären, dass es anfangs sehr schwer war, die verwickelten Verhältnisse der Schichtungen und die Bedeutung der Bauwerke der VI. Schicht zu erkennen. Bei den Grabungen des Jahres 1882 wurde zuerst bemerkt, dass die Bauwerke der VI. Schicht bei Herstellung eines Planums fortgebrochen sind (vgl. Schliemann, Troja, S. 216).

Nach dem Gesagten braucht es nicht weiter bewiesen zu werden, dass wir bei der in Aussicht genommenen Fortsetzung der Grabungen an den in der Nähe der Burgmauer gelegenen Stellen, wo noch nicht gegraben worden ist, mit Sicherheit auf die Auffindung von Gebäuden der mykenischen Epoche rechnen dürfen.

10. Die Bestimmung der Gebäude der VI. Schicht.

Nachdem wir die Gestalt und Bauart der Gebäude der
VI. Schicht kennen gelernt haben, bleibt zu untersuchen, ob
sich ihre Bestimmung nicht ermitteln lässt. Waren es Tempel
oder Wohnhäuser oder noch andere Bauwerke? Abschliessend
kann eine solche Untersuchung allerdings nicht sein, weil die
Zahl der vollständig aufgedeckten Gebäude noch zu gering ist.
Trotzdem dürfen wir uns ihr nicht entziehen. Die grosse Gleich-
mässigkeit der verschiedenen Gebäude lässt zunächst vermuthen,
dass sie alle dieselbe Bestimmung gehabt haben. Da nun die
Grundrissbildung diejenige des alten Wohnhauses und Tempels
ist, so können wir an Wohnungen der Menschen oder der Götter
denken. Dass alle Gebäude Tempel sind, ist aber bei ihrer
grossen Zahl von vornherein ausgeschlossen. Wir werden daher, solange sich keine andere Bestimmung angeben lässt, in
den einzelnen Gebäuden Wohnhäuser sehen dürfen, die aus
einem geschlossenen Zimmer und einer offenen Vorhalle bestanden.

Eines der Gebäude tritt aber, wie wir schon früher dar-
legten, aus der Reihe der übrigen heraus, nämlich der Bau VI C,
und ich halte es nicht für unmöglich, dass wir in ihm einen
Tempel gefunden haben. Dieser Bau hatte allein eine Reihe
von Säulen in der Mitte des Saales und erinnerte uns dadurch
an den von R. Koldewey entdeckten Tempel von Neandria.
Er ist ferner der einzige von den ausgegrabenen Bauten der
VI. Schicht, der eine so schmale Vorhalle hatte, dass sie zu
praktischen Zwecken kaum zu gebrauchen war und somit nur
zum Schmuck gedient haben kann. Er liegt ausserdem in der
Nähe derjenigen Stelle, wo in römischer Zeit der grosse Tempel
der Athena errichtet worden ist. Endlich scheint auch der
Platz vor seiner Vorhalle, wie oben gezeigt wurde, mit einer
Mauer umgeben und so als besonderer Bezirk abgeschlossen

gewesen zu sein, und dieser Hof lag nicht weit von der Mitte
und damit auch von der höchsten Stelle der Burg.

In den Burgen von Tiryns und Mykenae gab es allerdings
keine Tempel, wenigstens sind bisher keine gefunden worden.
Aber in Troja scheint es nach Homer zwei Tempel gegeben zu
haben (Il. V, 188 und V, 446), und auch in Athen auf der Burg
kennt der Dichter einen reichen Tempel der Athena. Ich sehe
auch nicht ein, warum es zu der Zeit, als König Salomo in
Jerusalem den grossen Tempel bauen liess, in Troja noch keine
Tempel gegeben haben sollte.

Ein anderer Einwand scheint zunächst ernsterer Natur zu
sein. Der Bau bat seine Vorhalle und seinen Eingang auf der
nordwestlichen Seite, während bekanntlich die meisten griechischen Tempel und auch der römische Athena-Tempel in Troja
nach Osten gerichtet sind. Allein dieser Einwand wird vollständig dadurch aufgehoben, dass der Tempel von Neandria,
mit dem unser Bau eine so grosse Aehnlichkeit hat, ebenfalls
nach Nordwesten orientirt ist. Ich trage daher kein Bedenken,
es als Möglichkeit auszusprechen, dass der Bau VI C ein Tempel
gewesen ist.

B. Die Burgmauer der VI. Schicht.

Eine der wichtigsten Aufgaben der Ausgrabungen von 1893
war die Aufsuchung der Burgmauer der mykenischen Zeit.
Das erste Mauerstück, das wir fanden und mit Sicherheit der
VI. Schicht zuweisen konnten, lag im Westen dicht neben dem
Hause VI A. In den Quadraten A 6 und A 7 wurde in der
Höhe der Fundamente des Hauses VI A eine 4,20 m starke
Mauer aufgedeckt, welche wegen ihrer grossen Stärke und ihrer
Lage am Rande des Hügels eine Burgmauer gewesen sein
musste. Ihre zeitliche Ansetzung bot einige Schwierigkeiten,

die sich aber bald heben liessen. Die äussere Hälfte der Mauer-
dicke (vgl. den Durchschnitt in Fig. 8) besteht nämlich aus
kleinen Feldsteinen mit Erde und hat nach aussen eine nur
0,25 m starke Verkleidung aus regelmässigen hochkantigen Porosquadern, die innere 2,65 m starke Hälfte zeigt dagegen dasselbe
Mauerwerk aus gut bearbeiteten flachen Steinen, welches für
die Bauwerke der VI. Schicht so charakteristisch ist. Der
äussere Theil, dessen Bauart z. B. bei der Mauer von Alexan-
dreia-Troas wiederkehrt, musste der griechischen, der innere
der mykenischen Zeit zugeschrieben werden. Es lag also eine

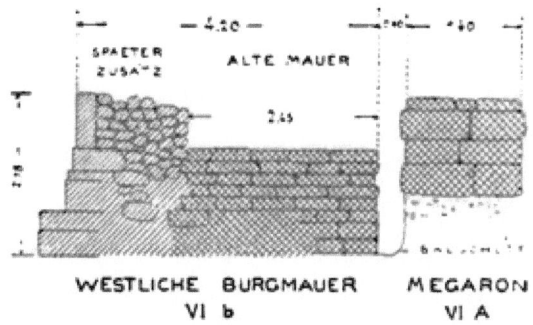

WESTLICHE BURGMAUER   MEGARON
VI b   VI A

Fig. 8. Querschnitt der Burgmauer der VI. Schicht und der Mauer
des Megaron VI A.

Reparatur der alten Burgmauer vor. Diese Annahme bestätigte
sich bei einer genauen Untersuchung. Es liess sich an der
Mauer selbst feststellen, dass die ältere Hälfte früher dicker
gewesen und der ganze vordere Theil abgebrochen worden war.
In griechischer Zeit hatte man den alten Mauerzug durch
Hinzufügung einer Vormauer wieder vertheidigungsfähig gemacht.
   Welche Stärke die alte Mauer gehabt hatte, war nicht zu
ermitteln. Dagegen konnte noch festgestellt werden, dass schon
in mykenischer Zeit eine Reparatur oder Veränderung genau in
der Länge des Hauses VI A vorgenommen worden ist. Die
Mauer bildet gerade dort einen kleinen Absatz und besteht auch

neben dem Hause aus regelmässigern Steinen als in den über-
stehenden Stücken. Vermuthlich war dieser Umbau durch die
Errichtung des Hauses veranlasst.

Als wir die Mauer von hier weiter nach Norden verfolgten,
um sie an der ganzen Westseite aufzudecken, ergab sich, dass
sie von dem Quadrate A 5 ab gänzlich fehlt. Selbst in grosser
Tiefe fand sich kein Stein mehr. Wann die Zerstörung erfolgte,
wird sich später ergeben. Da die noch erhaltene Burgmauer
der V. Schicht (Vb und Vc auf Taf. I) gerade hier einen Bogen
bildet, dürfen wir auch für die mykenische Burgmauer hier eine
Biegung annehmen, welche auch von den Terrainverhältnissen
vorgeschrieben wird. In dem Plane ist mit punktirten Linien
angedeutet, wie die Burgmauer vermuthlich nach Norden weiter
verlaufen ist; ihr genauer Zug an dieser Stelle wird wol nie
mehr zu bestimmen sein.

Die Fortsetzung des zuerst gefundenen Mauerstücks nach
Südosten ist dagegen höchst wahrscheinlich unter den hohen Erdmassen in den Quadraten B 7 bis C 8 noch erhalten. Ihre Aufdeckung ist eine der Aufgaben für die beabsichtigten neuen
Ausgrabungen.

Das zweite Mauerstück, welches freigelegt wurde, liegt in
dem Quadrate D 9 innerhalb des grossen Südgrabens, den
H. Schliemann vor 20 Jahren gegraben hat. Schon damals
hatte er die Mauer gefunden und auf Tafel 214 der „Trojanischen Alterthümer" als Mauer des Lysimachos bezeichnet.
Als ich im Jahre 1882 zum ersten Male nach Troja kam, war
sie nicht mehr zu sehen. Die in der Nähe von Hissarlik woh-
nenden Tscherkessen hatten ihre freigelegten Theile abgebrochen.
Zu unserer Freude stellte sich jetzt bei den Nachgrabungen
heraus, dass ihre untern Schichten unter den Schuttmassen noch
erhalten sind. Wir deckten das auf dem Plane angegebene
Stück auf und fanden eine stattliche Mauer von 5 m Dicke,
welche noch ihre volle ursprüngliche Stärke bewahrt hat. Nur

an dem westlichen Ende des freigelegten Stückes ist sie im Alterthum beschädigt und mit einer neuen in polygonaler griechischer Bauweise errichteten Verkleidung versehen worden. Die alte Mauer besteht aus flachen Steinen, die in fast gleicher Grösse durch die ganze Mauer hindurchgehen; ihre Aussenseite ist sehr beschädigt. Bis zu welcher Tiefe die Mauer an dieser Stelle hinabgeht, haben wir wegen des Abbruches der Arbeiten nicht mehr feststellen können.

Ein drittes, allerdings nur sehr kleines Stück der Burgmauer deckten wir bei den Grabungen auf, die weiter östlich bei dem

Fig. 9. Ecke der Burgmauer der VI. Schicht.

Aufgang zur römischen Akropolis vorgenommen wurden. Es kam in dem Quadrate G 10 unter dem Fussboden des römischen Weges, welcher einst den Aufgang zur Akropolis bildete, ein kurzes schräges Mauerstück zum Vorschein, das seiner Lage und seiner Bauweise nach der VI. Burgmauer zugeschrieben werden darf. Ob es mit dem etwa hier anzusetzenden Burgthore in Verbindung steht, ist vorläufig unbekannt.

Ein fünftes noch wohlerhaltenes Stück fanden wir unter dem römischen Odeion am südöstlichen Abhange der Burg. Unter der Stelle, wo einst die obern Sitzreihen lagen, ist die Mauer noch mehrere Meter hoch erhalten. Sie hat noch ihre

ursprüngliche Dicke von 5 m und ihre alte gut erhaltene
Aussenseite, die eine starke Böschung aufweist. Die Art der
Böschung werden wir später genauer beschreiben. Das aufgedeckte Mauerstück ist besonders werthvoll, weil die Burgmauer gerade hier einen Winkel macht, der merkwürdigerweise
mit einem Vorsprunge von etwa 0,10 m verbunden ist, wie ihn
die vorstehende Abbildung (Fig. 9) veranschaulicht. Zu welchem
Zweck dieser Vorsprung gemacht ist, haben wir noch nicht ermitteln können. Das Mauerstück lehrt uns die wichtige Thatsache, dass wahrscheinlich die ganze Ringmauer der Burg als
ein Polygon von fast geraden Linien gebildet war.

Ein sechstes Stück der Burgmauer entdeckten wir weiter
nördlich in einem kleinen Graben, den wir zu diesem Zwecke
in dem Quadrate K7 gezogen hatten. Es fand sich dort ein
Rest der alten Mauer (VIe auf dem Plane), deren äusserer Theil
zerstört und durch eine griechische Mauer ersetzt ist. Einige
Meter vor ihr kam eine noch jüngere, wahrscheinlich römische
Mauer zum Vorschein, welche die östliche Grenzmauer der römischen Akropolis gebildet zu haben scheint.

Als letztes der bisher festgestellten Stücke der Burgmauer
aus der mykenischen Periode ist die Mauer VIf in den Quadraten K4 und K5 zu nennen, deren oberer Theil schon im
Jahre 1882 in Troja gefunden, aber in seiner Bedeutung nicht
erkannt worden war. Jetzt, nachdem ihr unterer Theil ganz
aufgedeckt und der mächtige Thurm VIg gefunden ist, lässt
sich ihre Wichtigkeit nicht mehr verkennen.

Ihre Gestalt und Bauweise ist aus der nachstehenden Fig. 10
zu ersehen. Die Mauer ist aus grossen flachen Steinen zusammengefügt, die zwar nicht regelmässig bearbeitet sind, aber doch
ein sehr festes Mauerwerk bilden. Die Schichten liegen nicht
ganz horizontal, sondern sind nach innen etwas geneigt, wodurch
die Festigkeit der Mauer nicht unwesentlich erhöht wird. Die
äussern Steine haben dieselbe Neigung und sind an ihrer Aussen-

seite in einer geböschten Linie glatt abgearbeitet. Das Verhältniss der Böschung beträgt 10 : 3; bei einer Höhe von 5 m tritt die Oberkante um 1,5 m gegen die Unterkante zurück. Die Innenseite ist nicht geböscht, sondern erbreitert sich der äussern Böschung entsprechend nach oben in senkrechten Absätzen, von denen einer festgestellt, ein zweiter nicht ganz ge-

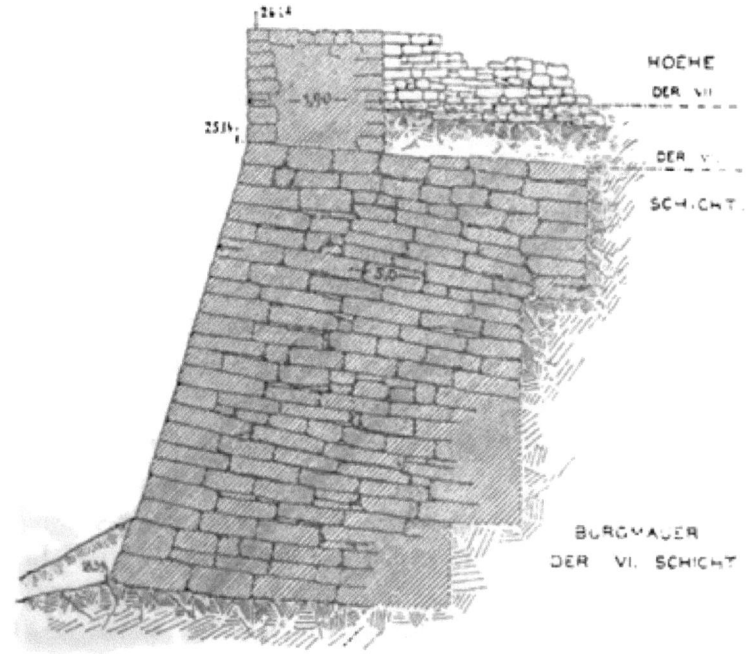

Fig. 10. Querschnitt der nordöstlichen Burgmauer der VI. Schicht.

sichert ist. Wegen ihrer grossen Dicke von etwa 5 m und wegen ihrer soliden Bauweise darf unsere Mauer als eine der stärksten Festungsmauern bezeichnet werden, die diesseit und jenseit des ägeischen Meeres erbaut worden sind.

Aus der starken Verwitterung, welche die Aussenseite aufweist, geht hervor, dass dieses Stück der Mauer jahrhundertelang sichtbar gewesen sein muss. Dazu stimmt auch die weitere

Thatsache, dass an dieser Stelle eine jüngere Mauer oben auf dem alten Unterbau, nicht wie an andern Stellen vor der ältern Mauer errichtet ist. Diese jüngere Mauer darf der griechischen Zeit zugeschrieben werden.

Die ursprüngliche Höhe des ältern Theiles der Mauer ist nicht bekannt; das erhaltene Stück ist noch etwa 6 m hoch, wobei das unter der Erde befindliche Fundament nicht mit gerechnet ist. Die jetzige Oberkante der Mauer dürfte ungefähr der Fussbodenhöhe im Innern der Burg an dieser Stelle der VI. Schicht entsprechen; bestimmte Angaben lassen sich hierüber jedoch nicht machen, bevor nicht die ganze Nordost-Ecke der Burg ausgegraben ist.

Auch in diesem Stück der Mauer befindet sich im Grundriss ein Knick, wiederum verbunden mit einem kleinen Vorsprung von der Breite einer Hand. Merkwürdigerweise scheint die Mauer nach aussen umzubiegen, also eine concave, keine convexe Ecke zu bilden. Ob dies wirklich der Fall ist und wodurch es veranlasst sein mag, wird erst nach Ausgrabung des grossen römischen Gebäudes, welches sich davor erhebt, untersucht werden können.

Nördlich von diesem letzten Stück der Burgmauer beginnt der grosse Nordost-Thurm, den wir wegen seiner Bedeutung und vorzüglichen Erhaltung in einem besondern Abschnitt besprechen wollen. Jenseit des Thurmes wird die Burgmauer in dem Quadrate J3 vermuthlich ungefähr in der Weise nach Westen umbiegen, wie im Plan mit punktirten Linien angedeutet ist. Gefunden ist hier allerdings noch nichts, weil die Grabung noch nicht tief genug vorgedrungen ist. Man darf aber annehmen, dass wenigstens ein Stück der Mauer noch erhalten ist.

Indessen ist leider wenig Hoffnung vorhanden, dass weiter nach Westen an der Nordseite der Burg noch irgendein Stück der Ringmauer erhalten ist, weil selbst in den tiefen Gräben, welche H. Schliemann hier gezogen hat, auch nicht die geringste

Spur von ihr zu Tage getreten ist. Ganz brauchen wir die
Hoffnung aber noch nicht aufzugeben. Nachdem sich an dem
Nordost-Thurm gezeigt hat, dass die Befestigungsmauer an der
Nordseite sehr tief, vielleicht sogar bis zur Ebene hinabreicht,
ist die Möglichkeit nicht ausgeschlossen, dass am Fusse des
Hügels noch Reste der nördlichen Mauer zum Vorschein kommen.
Durch die neuen Ausgrabungen werden wir hierüber Gewissheit
erlangen.

Wie ist es gekommen, dass die Mauer an der nördlichen
und nordwestlichen Seite der Burg so vollständig zerstört ist,
während sie im übrigen viel besser erhalten ist, als man zu
hoffen wagte?

Die Antwort finden wir bei Strabo (XIII, 599), welcher berichtet, dass Archäanax von Mitylene mit den Steinen von Troja
die Mauern der Stadt Sigeion erbaut haben solle. Sigeion lag
nordwestlich von Ilion. Wenn man nun sieht, dass die Mauern
der alten Burg nicht nur auf den nach Sigeion hin gerichteten
Seiten gänzlich fehlen, sondern auch die Steine weder als
Trümmer umherliegen, noch in den spätern Bauwerken verwendet sind, so ist man zu dem Schlusse berechtigt, dass die
Mauern von Sigeion in der That mit dem Material der alten
trojanischen Burgmauer errichtet worden sind. Da die Steine
der Mauer wegen der starken Böschung der Aussenseite etwas
spitzwinkelig geschnitten und daher leicht wieder zu erkennen
sind, verlohnt es sich nachzusuchen, ob solche Steine nicht etwa
noch jetzt bei der alten Stadt Sigeion zu finden sind.

Obwol der Zug der Burgmauer an der Nordseite nicht genau
bekannt ist, kann über ihre Lage im allgemeinen kein Zweifel
sein. Es kann daher auch der Umfang und Inhalt der Burg
annähernd ermittelt werden. Genau sind diese Zahlen freilich
nicht, aber sie genügen vollständig, um die Grösse der trojanischen Pergamos mit andern Burgen vergleichen zu können.

1) Troja, II. Schicht, Umfang 350 m, Flächenraum 8000 □ m
2) Troja, VI. Schicht,   „   500 „   „   20000 „
3) Tiryns   „   700 „   „   20000 „
4) Akropolis von Athen   „   700 „   „   25000 „
    (ohne Pelargikon)
5) Mykenae   „   900 „   „   30000 „

Aus dieser Zusammenstellung ergibt sich, dass die trojanische Burg zur mykenischen Zeit einen $2\frac{1}{2}$ mal so grossen Flächenraum hat als zur Zeit der II. Schicht, dass sie ferner ebenso gross ist wie die Burg Tiryns, und dass die alte Polis Athen (ohne das Pelargikon) um $\frac{1}{4}$, die Burg Mykenae um $\frac{1}{2}$ grösser ist. Wenn bei gleichem Flächenraum der Umfang von Tiryns grösser ist als der von Troja VI, so erklärt sich das dadurch, dass Tiryns eine langgestreckte, Troja aber eine fast kreisrunde Gestalt hat.

C. Der grosse Nordost-Thurm der VI. Schicht.

Die Burgmauer der mykenischen Epoche besitzt an ihrer Nordost-Ecke einen mächtigen Thurm, der erst theilweise freigelegt ist, aber schon jetzt in mancher Beziehung unsere besondere Beachtung verdient. Sein Grundriss ist auf Tafel I und II und in grösserm Maasstabe in Fig. 11 dargestellt. Einen Aufriss einer seiner Ecken bietet Fig. 12. Die an der Südost-Seite in den Thurm hineinführende Thür ist in Fig. 15 im Grundriss und in Fig. 16 im Aufriss gezeichnet. Schliesslich geben die Fig. 1, 13 und 17 drei photographische Ansichten der freigelegten Ecke des Thurmes und seiner nächsten Umgebung.

Die Stelle der Burg, an welcher der Thurm steht, war ein besonders wichtiger Punkt. Es ist nämlich die Stelle, wo die Burgmauer von dem Plateau, auf dem die Burg und Stadt liegt, zur Simoeis-Ebene hinuntergeht. Im Osten und Süden und zum Theil auch im Westen erhob sich der Hügel der Akropolis nur wenig über das langgestreckte Plateau der Unterstadt; im Norden fiel er dagegen steil zu der tiefen Ebene ab. Auf jenen Seiten

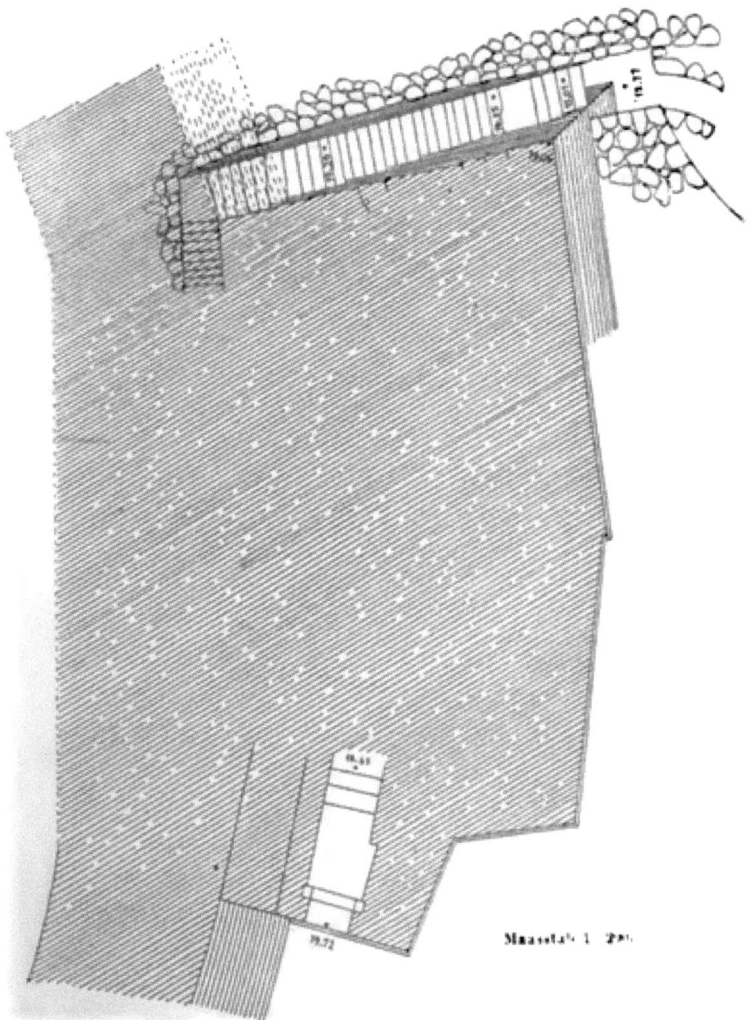

Fig. 11. Grundriss des grossen Nordost-Thurmes der VI. Schicht.

ruhte die Burgmauer auf dem gewachsenen Fels des Plateaus, hier musste sie an dem Burgabhang tief hinabreichen. Der Thurm ist nun gerade da angelegt, wo der Uebergang stattfindet. Seine eine Hälfte steht noch auf dem obern Plateau, die andere reicht tief in die Ebene hinab.

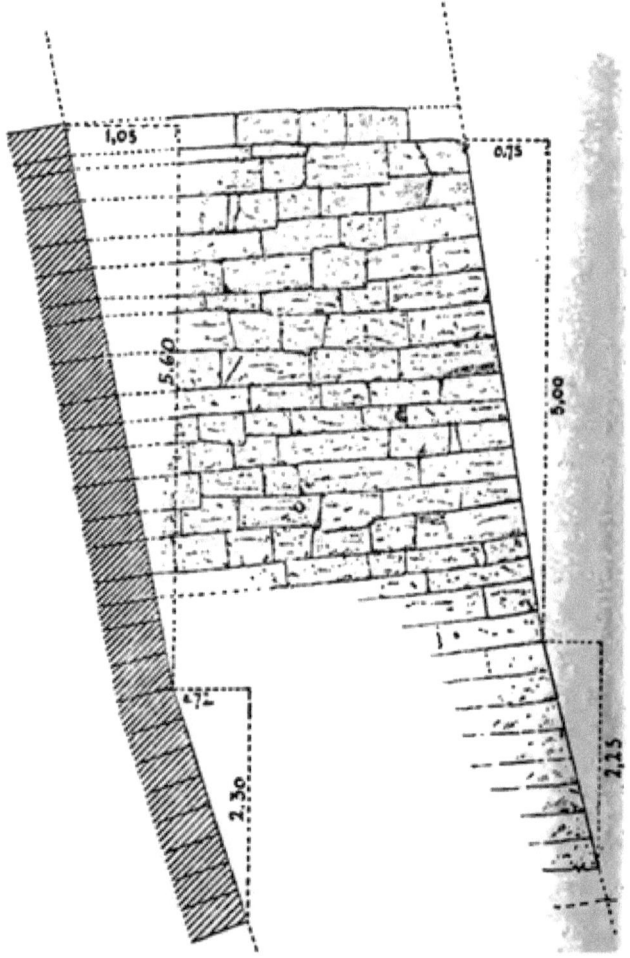

Fig. 12. Aufriss und Profil des grossen Nordost-Thurmes.

Die Abmessungen des ganzen Thurmes sind sehr bedeutend. Er springt etwa 8 m vor die Flucht der Mauer vor und hatte ohne den im Südosten befindlichen Anbau eine Breite von etwa

Fig. 13. Der grosse Nordost-Thurm der VI. Schicht mit der griechischen Treppe und der römischen Quadermauer.

18 m. Die Vorderseite ist ungefähr in der Mitte in einem stumpfen Winkel gebrochen. An dem Schnittpunkte findet sich wieder derselbe handbreite Absatz, den wir an zwei Stellen der

Burgmauer selbst fanden. Ich vermuthe, dass der Winkel und Absatz hier durch die verschiedene Tiefe, in welcher der Thurm beginnt, veranlasst ist. Wie tief das Mauerwerk hinabreicht, oder mit andern Worten, wie hoch der Thurm im Alterthum war, wissen wir noch nicht, weil unsere Grabungen seinen Fuss noch nicht erreicht haben. Da sein tiefster Punkt, den wir aufgedeckt haben, etwa 12 m, die Oberkante des erhaltenen Thurmmauerwerks dagegen etwa 20 m und der Fussboden des Burginnern etwa 25 m über der Ebene liegt, so ergibt sich die wichtige Thatsache, dass der Thurm noch jetzt eine 8 m übersteigende Höhe hat und im Alterthum höchstwahrscheinlich höher als 13 m war. Beide Maasse können sehr wohl noch um einige Meter grösser werden.

Die Bearbeitung und Zusammenfügung der Steine ist eine ganz ausgezeichnete. Wir waren zuerst erstaunt über die sorgfältige Arbeit und trugen anfangs Bedenken, dem Thurm ein so hohes Alter zuzuschreiben. Aber die vollständige Uebereinstimmung seiner Bauart mit derjenigen der Gebäude im Innern der Burg (vgl. oben S. 28), der enge Zusammenhang zwischen dem Thurm und der Burgmauer einerseits und zwischen der Burgmauer und den Wohnhäusern im Innern andererseits, und endlich auch die Ueberbauung, welche am Thurme selbst für die griechische und römische Zeit zu constatiren ist, waren gewichtige Zeugen für sein hohes Alter und liessen keinerlei Bedenken mehr aufkommen. In welcher Periode zwischen der mykenischen und römischen Zeit sollten auch wol solche stattliche Mauern und Thürme in Ilion errichtet worden sein?

Die Aussenseiten des Thurmes sind besonders gut bearbeitet, wie man namentlich aus den photographischen Abbildungen (Fig. 1 und 13) ersehen kann. Sie bilden vollkommen glatte Flächen, die eine regelmässige Böschung haben. Letztere ist nicht so gross wie an der Burgmauer und wiederum an den Seiten des Thurmes geringer als an seiner Vorderfläche. Die

Zahlen sind aus dem Aufriss Fig. 12 zu entnehmen, in welchem
links ein Durchschnitt durch die Vorderfläche, rechts die Bö-
schungslinie der Seitenfläche gezeichnet ist. Ein deutlicher Beweis für die Sorgfalt, mit der die Böschung und überhaupt die
Bearbeitung ausgeführt worden ist, liegt in der Thatsache, dass
sich die Böschung in einer gewissen Tiefe ändert, sie wird eine
grössere. Dass dies aus statischen Gründen geschehen ist,
scheint mir nicht zweifelhaft. Denken wir uns den obersten
jetzt fehlenden Theil des Thurmes als senkrechten Aufbau, so

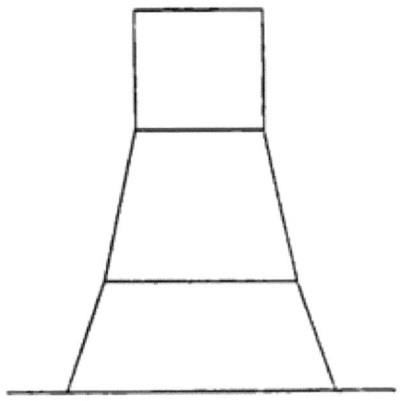

Fig. 14. Schematisches Bild des Thurmes.

erhalten wir für den ganzen Thurm diejenige Form, welche nach
den Gesetzen der Statik die festeste und widerstandsfähigste
ist, und welche auch heute noch bei freistehenden Bauwerken
zuweilen angewendet wird. Vorstehende Skizze (Fig. 14) gibt
diese Gestalt schematisch wieder, es ist im kleinen die jedermann
bekannte Form des Eiffel-Thurmes!

Ein Thurm von so bedeutenden Abmessungen wie der
unsrige kann schwerlich ganz massiv sein, sondern wird stets
Treppen oder andere Hohlräume enthalten. In der That be-
merkten wir bei einer genauen Untersuchung, dass der Thurm
an seiner sehr beschädigten Südost-Seite eine ins Innere

4 *

führende Thür enthielt, welche in späterer, also griechischer Zeit
zugemauert war. Nachstehende Figuren 15 und 16 zeigen den
Grundriss und Aufriss der vermauerten Thür. Wir liessen die
letztere öffnen und stellten durch Ausgrabung den Grundriss des
Innern fest. Durch eine 1,25 m breite Oeffnung, welche mit einer
einflügeligen hölzernen Thür abzuschliessen war, gelangt man
in einen Vorraum. Rechts befindet sich eine Nische in der
Wand, die offenbar zur Aufnahme des Thürflügels bestimmt war.

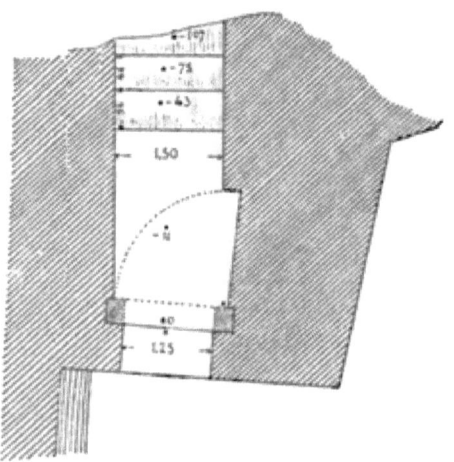

Fig. 15. Grundriss der Thür des Nordost-Thurmes.

Geradeaus liegt eine Treppe, sehr sorgfältig aus grossen Steinen
hergestellt, welche aber nicht, wie wir erwartet hatten, zur Burg
hinauf, sondern zunächst wenigstens ins Innere des Thurmes
hinabführt. Drei Stufen der Treppe von je 0,32 m Höhe und
durchschnittlich 0,30 Auftritt sind bisher ausgegraben. Weiter
vorzudringen verhinderten mehrere spätere Mauern, die wir
vorläufig nicht abbrechen durften. Ich vermuthe, dass die
Treppe zunächst in einen grössern Innenraum führt, von dem
dann eine Treppe hinauf ins Innere der Burg, eine andere aber
hinab zur Simoeis-Ebene geht. Die in Aussicht genommene

weitere Freilegung der nächsten Umgebung des Thurmes und seines Innern wird diese Frage voraussichtlich lösen.

Die vorzügliche Erhaltung des Thurmes, namentlich in seinem untern Theile, wird dem Umstande verdankt, dass er schon sehr früh mit Mauerwerk aus kleineren Steinen umgeben und so den Einflüssen der Witterung entzogen wurde. Es geschah dies, als nach der Zerstörung der Burg die theilweise unter dem Schutt begrabenen Reste der alten Befestigungsanlagen wieder reparirt werden sollten. Ob eine lange Zeit verlief zwischen der Zer-

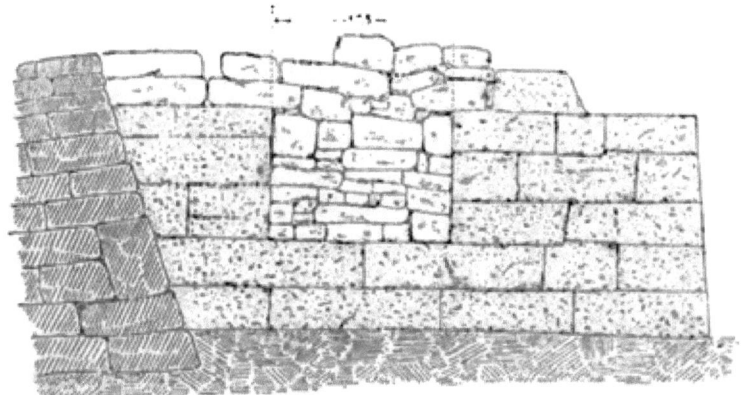

Fig. 16. Aufriss der in griechischer Zeit vermauerten Thür des Nordost-Thurmes.

störung und der Wiederherstellung, lässt sich vorläufig noch nicht sagen. Jedenfalls müssen die Zusätze mit kleinen Steinen zwischen der mykenischen und römischen Zeit gemacht worden sein; sie gehören also der VII. oder VIII. Schicht an und haben demnach auf Tafel I eine grüne Farbe erhalten. Diese Zusätze bestehen einmal in der Erbauung einer runden Mauer um das südliche Ende des Thurmes herum und in der Zumauerung der Thür; ferner in der Errichtung einer Mauer vor der Nordost-Seite des Thurmes und der Anlage eines verdeckten unter-irdischen Ganges neben dieser Mauer an der Stelle, wo im Plane die beiden Höhenzahlen 12,77 und 15,41 eingeschrieben sind; und schliesslich in der Erbauung einer grossen Treppe unmittelbar nördlich neben dem Thurme, von der noch 40 Stufen erhalten sind. Die Treppe, welche auf Fig. 17 besonders gut zu sehen ist, beginnt bei dem genannten unterirdischen Gange, läuft dicht neben dem alten Thurme in südwestlicher Richtung hinauf, biegt dann nach Südosten um und findet ihren Abschluss in einem schmalen, aus kleinen Steinen erbauten Gange, welcher unter dem grossen römischen Altare verschwindet und bei Errichtung des letztern verschüttet worden ist. Nach Nordwesten wird die Treppe begrenzt von einer Mauer aus kleinen Steinen, deren Ausdehnung noch unbekannt ist; auf Tafel I ist sie mit VII bezeichnet. So unsolid das aus kleinen Steinen und Lehm hergestellte Mauerwerk ist, ebenso unregelmässig und ungenau ist die Treppe erbaut. Beide Anlagen müssen unbedingt einer Zeit angehören, in der die Ilienser nicht daran dachten, mächtige Burgmauern zu errichten, sondern sich nur unter theilweiser Verwendung der alten Mauerreste eine wenig stattliche Festung herstellten.

Alle diese aus griechischer Zeit stammenden einfachen Mauern und Treppen sind wieder ausser Gebrauch gesetzt und verschüttet worden, als die Römer bei Errichtung des grossen Tempels und Bezirks der Athena die nördliche Grenzmauer des Bezirks (IX N im Plane) und das anstossende mächtige Quaderfundament errichteten, das auf dem Plane mit der Höhenzahl 19,72 bezeichnet ist. Die Bedeutung des letztern Fundaments, welches auf den photographischen Abbildungen an den regelmässigen Quadern und an den als Marken dienenden Buchstaben kenntlich ist, hat noch nicht bestimmt werden können. Nur soviel steht fest, dass bei seiner Erbauung die sämmtlichen ältern Anlagen unter der Erde verschwanden.

Die drei wichtigen Bauperioden, welche wir bei dem grossen Nordost-Thurm feststellen konnten, sind auf den photographisch hergestellten Bildern des Thurmes (Fig. 1, 13 und 17) sehr gut

zu unterscheiden. In der Mitte sieht man den alten Thurm mit
den grossen, sauber gefügten Steinen, den beredten Zeugen einer

Fig. 17. Die griechische Treppe neben dem ältern Thurme.

glänzenden Epoche in der Geschichte der Burg, rechts davon
und im Vordergrunde die elenden Mauern aus kleinen Steinen

und die Treppe mit ihren unregelmässigen Stufen, die Ueber-
bleibsel einer ruhmlosen und dunklen Periode der Stadt, und
in der linken Hälfte der Bilder die imponirenden Reste mäch-
tiger Quadermauern, die unverkennbar Zeugniss ablegen von dem
grossen Aufschwung, den die alte Stadt des Priamos und Aeneas
unter den julischen Kaisern genommen hatte.

Ob die mykenische Burg ausser dem grossen Nordost-Thurm
noch andere Thürme hatte, wissen wir noch nicht. Auch hier
muss von den weitern Ausgrabungen Aufschluss erhofft werden.
Dasselbe gilt auch von der Frage nach Lage und Anzahl
der Burgthore. Denn ausser der kleinen Thür in dem Nordost-
Thurm ist bisher noch kein Rest eines Thores gefunden worden.
Da der vorliegende Bericht sich möglichst auf die Beschreibung
von Thatsachen beschränken soll, verzichte ich darauf, unsere
Vermuthungen über die Lage der Thore mitzutheilen. Voraussichtlich können dafür bald sichere Thatsachen gemeldet werden.

Ebenso mag auch die Frage, ob zu der VI. Burg eine um-
mauerte Unterstadt gehörte, vorläufig unerörtert bleiben. Es
sind zwar schon einige Thatsachen bekannt, welche die Existenz
einer Unterstadt wahrscheinlich machen (vgl. den Abschnitt über
die Gräber), aber gesichert ist dieselbe nicht. Wir müssen auch
hier von der Fortsetzung der Grabungen weitere Thatsachen und
vielleicht eine sichere Entscheidung erwarten.

D. Die VI. Schicht und die homerische Pergamos.

Wenn bei Ausgrabungen ein Tempel oder irgendein anderer
Bau gefunden wird, der von einem alten Schriftsteller erwähnt
oder beschrieben wird, hält es der Ausgräber für seine selbst-
verständliche Pflicht, den Thatbestand mit den Angaben des
Schriftstellers zu vergleichen, mag dieser nun ein Prosaiker oder
Dichter sein. Stehen beide im Einklang, so wird er das als
werthvolle Thatsache constatiren; ist dagegen keine Ueberein-

stimmung vorhanden, so wird er das ebenfalls feststellen und
zugleich die Gründe dafür zu ermitteln suchen.

Wir haben an dem Platze ausgegraben, welcher im Alterthum fast einstimmig als die Stelle des homerischen Troja galt.
Wir haben dort unter den griechischen Gebäuden eine stattliche
Burg mit Festungsmauern und grossen Bauwerken entdeckt,
welche auf Grund der Höhenlage einerseits und der darin gefundenen Topfwaare andererseits mit Bestimmtheit der mykenischen Zeit zugetheilt werden muss, also derjenigen Epoche,
in welche der von Homer besungene Krieg allgemein gesetzt
wird. Es ist daher unsere Pflicht, die Angaben Homer's über
die Burg von Troja mit dem gefundenen Thatbestande zu vergleichen.

Ich weiss sehr wohl, dass manche Gelehrte eine solche
Untersuchung wegen der Natur der homerischen Gedichte für
zwecklos halten; sie werden von vornherein etwaige Uebereinstimmungen für zufällige erklären, weil sie es für ausgeschlossen
halten, dass der Dichter eine bestimmte Burg beschreiben wollte
und von unserer Burg und ihren Bauwerken irgendwelche Kenntniss haben konnte. Aber solche Ansichten dürfen uns nicht
abhalten, möglichst ohne Vorurtheil festzustellen, ob wirklich
wesentliche Uebereinstimmungen vorhanden sind oder nicht.
Was dann aus dieser festgestellten Thatsache für die homerischen Gedichte folgt, brauchen wir hier nicht zu erörtern.

1) Die Pergamos von Troja war nach Homer keine ebene
Burg, denn neben den Wohnungen lag ἐν ἀκροτάτῃ πόλει (Il.
XXII, 172) ein Altar des Zeus. Es gab also nach der Ansicht
des Dichters einen höchsten Punkt in der Burg, wo der Altar
des Zeus und vielleicht auch die beiden Tempel der Athena und
des Apollon lagen. Für die Burg der II. Schicht passte eine
solche Angabe durchaus nicht, weil deren Inneres ganz horizontal war. Dass aber in der VI. Burg thatsächlich der mittlere
und nördliche Theil höher lag als die übrigen, ist oben eingehend

besprochen. Auch ist für die spätere Zeit das Vorhandensein eines Tempels an dieser Stelle festgestellt.

2) Die Gebäude von Tiryns sind theils in cyklopischer Bauweise mit unbearbeiteten grössern oder kleinern Steinen, theils mit Lehmziegeln errichtet. In Mykenae kommen neben solchen Mauern in der Burg noch einzelne Mauerstücke aus geglätteten Steinen vor. Nach den Worten Homer's musste man sich in der trojanischen Burg die meisten Gebäude in anderer Weise erbaut denken, nämlich aus geglätteten Hausteinen, da selbst die Wohnungen der Söhne und Schwiegersöhne ξεστοῖς λίϑοις waren (Il. VI, 244). Während diese Angabe für die Gebäude von Tiryns gar nicht gepasst hätte, ist sie für die in unserer Burg gefundenen Wohnungen sehr zutreffend. Es ist das um so beachtenswerther, als es früher für fast unmöglich galt, dass schon in jener alten Zeit Mauern und Thürme aus gut bearbeiteten Hausteinen hergestellt worden seien.

3) In der Pergamos von Troja kennt Homer eine ganze Anzahl einzelner Gebäude, theils Wohnhäuser, theils Tempel, die scheinbar gesondert nebeneinander lagen. In der Burg von Tiryns sucht man vergeblich nach solchen einzelnen Häusern, höchstens könnte man dort in dem gewöhnlich als Frauenwohnung gedeuteten Bau eine zweite Einzelwohnung sehen. Anders in unserer Burg. Alle bisher aufgedeckten Gebäude sind in der That Einzelhäuser, die durch schmale Zwischenräume voneinander getrennt waren.

4) Das Haus des Alexandros bestand nach Homer (Il. VI, 316) aus drei Theilen, dem Thalamos, dem Doma und der Aule. Unter dem Thalamos ist jedenfalls ein abgeschlossenes Gemach zu verstehen, das den Innenraum der Wohnung bildete und zum Schlafen benutzt wurde. Doma ist wol ein vor dem Thalamos gelegener, für jedermann geöffneter Empfangsraum, der Aussenraum der Wohnung. Aule kann nur ein vor dem Hause unter freiem Himmel befindlicher Hof sein.

Eine ähnliche Dreitheilung kehrt bei andern einfachen Häusern der homerischen Gedichte wieder, so bei der Wohnung des Eumaios (Odyss. XIV, 5 fg.) und bei dem Zelt des Achilleus (Il. XXIV, 452 fg.). An beiden Stellen lesen wir von einem offenen Hof, an dem die Ställe liegen, von einem Prodomos genannten Raum, in welchem Fremde empfangen werden und zuweilen schlafen, und endlich von einem Innenraum, in dem sich der Herd und auch die Lagerstätten befinden. Bei dem grossen Herrscherhause, wie wir es in Tiryns und Mykenae vor Augen haben, ist die Dreitheilung zwar auch vorhanden, aber nicht so deutlich zu erkennen, weil die einzelnen Theile aus mehrern Räumen zusammengesetzt sind. Der Hof ist ein doppelter, das Doma besteht aus einem Saal, einem Vorsaal und einer Vorhalle und anstatt des einfachen Thalamos haben wir eine besondere Frauenwohnung mit mehrern Nebenräumen. Dieselbe Dreitheilung scheint mir noch in dem spätern griechisch-römischen Hause erkennbar zu sein in dem Atrium, dem Tablinum und dem Peristyl.

Aus denselben drei Theilen bestehen aber auch einige der aufgedeckten Gebäude unserer Burg, denn dass wir vor jedem der zweitheiligen tempelartigen Bauten einen offenen Hof anzunehmen haben, kann kaum zweifelhaft sein. Der grosse abgeschlossene Raum ist scheinbar der Thalamos; in der halbgeöffneten Vorhalle dürfen wir vielleicht das Doma erkennen, das in seiner Form mit dem spätern Tablinum übereinstimmen würde. Der offene Vorhof endlich wird die Aule sein.

Diese vier Punkte mögen genügen. Selbstverständlich soll durch diese Vergleichung der gefundenen Bauwerke mit den Angaben des Dichters nicht etwa bewiesen werden, dass das Troja Homer's wirklich auf Hissarlik gefunden ist. Ein solcher Beweis braucht meines Erachtens nicht mehr erbracht zu werden. Wenn namhafte Gelehrte schon früher, als weder eine Burgmauer noch Gebäude der mykenischen Epoche auf Hissarlik nachgewiesen waren, ohne Zögern hier das homerische Troja ansetzten; wenn ferner Griechen und Römer, obwol sie von den alten Burgmauern nicht sehr viel und von den Bauwerken im Innern gar nichts mehr sahen, fast ausnahmslos überzeugt waren, dass die Stadt Ilion die Stelle des homerischen Troja einnehme, und dass der berühmte Tempel der ilischen Athena, zu dem ein Xerxes und ein Alexander hinaufgestiegen waren, dasselbe Heiligthum sei, zu dem Homer die Hekabe hinaufgehen lässt, da sollten wir noch Bedenken tragen, die grossartigen Burg- mauern, welche jetzt unter den griechischen und römischen Bauten zu Tage treten, für die Mauern der heiligen Ilios zu halten, und sollten zögern, in den Resten der stattlichen Ge- bäude im Innern der Burg die Wohnungen und Tempel der Geschlechter zu erkennen, deren Thaten Homer besungen hat?

Meines Erachtens ist dieser Theil der trojanischen Frage gelöst. Ich spreche das um so zuversichtlicher aus, je mehr sich neuerdings die Ueberzeugung Bahn bricht, dass es die mykenische, nicht eine jüngere Cultur ist, welche den home- rischen Epen zu Grunde liegt. Jetzt handelt es sich um einen andern Theil der homerischen Frage; jetzt muss festgestellt werden, wie weit die Beschreibungen des Dichters mit der Wirklichkeit übereinstimmen. Vielleicht gelingt es, auf diese Weise neue sichere Grundlagen zu gewinnen für die Forschungen über die Entstehung und Entwickelung des Epos.

III. Die Ausgrabungen in den übrigen Schichten.

A. Die II. Schicht. Das prähistorische Troja.

Durch die Aufdeckung der VI. Schicht und ihre Feststellung als Burg der mykenischen Zeit wird die II. Schicht in ein sehr hohes Alter hinaufgerückt. Durch drei Schichten ärmlicher Ansiedelungen ist sie von der mykenischen Burg getrennt und muss daher wenigstens um einige Jahrhunderte älter sein als diese. Obwol sich der Altersunterschied der einzelnen Schichten nicht bestimmen lässt, wird man es wagen dürfen, rund 500 Jahre für die Dauer der III. bis V. Ansiedelung anzusetzen. Da wir nun für die mykenische Burg rund die Zeit von 1500 bis 1000 v. Chr. annehmen, so erhalten wir für die II. Schicht das Jahr 2000, also das dritte vorchristliche Jahrtausend.

Wenn die II. Burg an Bedeutung dadurch Einbusse erlitten hat, dass sie nicht mehr als die von Homer besungene Stufe in der langen Geschichte Trojas gelten kann, so hat sie andererseits durch das höhere Alter, das wir ihr zuschreiben müssen, eine grosse Bedeutung für die älteste Cultur- und Kunstgeschichte gewonnen. Eine Burg aus dem 3. Jahrtausend mit ihren Burgmauern und Thoren, mit ihren Wohnhäusern und Propyläen, mit ihren zahllosen Geräthen des täglichen Lebens und ihren Goldschätzen, füllt in der That ein eigenes und sehr wichtiges Kapitel in der Geschichte der menschlichen Cultur aus. Wir haben es daher für unsere Pflicht gehalten, die II. Schicht neben den neuen Funden nicht zu vernachlässigen, und sind bemüht gewesen, die Lücken auszufüllen, welche in unserer Kenntniss der II. oder „verbrannten Stadt" noch vorhanden waren. Hauptsächlich haben wir an der westlichen Umfassungsmauer der Burg gegraben und die Gestaltung der Thürme und Thore und die Lage der Ringmauer an der Nordwest-Ecke genauer zu bestimmen gesucht.

Das aus der ersten Periode der II. Burg stammende Thor *FL* wurde weiter freigelegt und ausgeräumt. Der breite Thorweg war ganz mit Brandschutt angefüllt und zeigte deutlich, dass auch die erste Periode dieser Schicht mit einem grossen Brande geendet hat. Es kam au h der Verbindungsgang zwischen dem Thore und der kleinen Pforte *FK* zum Vorschein, wodurch die Bestimmung der letztern als Ausfallspforte bestätigt wird. Der vordere Theil des Thores *FL* ist leider ganz zerstört; nur an einer Ecke ist das Mauerwerk noch erhalten und gestattete uns die Tiefe des Thores zu messen.

Ergebnissreicher waren die Grabungen an dem West-Thurm *ce*, von dem früher nur eine Ecke bekannt war. Er hat sich jetzt als ein grosser Eckthurm von 12 m Breite herausgestellt, der eine Pforte *FH* enthält. Den Grundriss der letztern zeigt die nachstehende Abbildung (Fig. 18). Durch eine Thüröffnung, die vorn 1,37 hinten 1,05 m breit ist und mit einer hölzernen Umrahmung versehen war, tritt man in einen kleinen Thorhof, der durch seine unregelmässige Gestalt auffällt. Wie man aus den Höhenzahlen des Hauptplanes ersieht, liegt dieser Raum 8 m unter dem Fussboden im Innern der II. Burg. Es musste daher eine Treppe zu dieser hinaufführen. Den 1,15 m breiten Eingang zu einer solchen fanden wir auch, ihn weiter zu verfolgen war aber nicht möglich, ohne die jüngere Burg-

mauer zu zerstören. Wir verzichteten daher auf die weitere
Freilegung. Vielleicht gelingt es uns später, vom Innern der
Burg aus das Ende der Treppe aufzufinden.
Das nördliche Ende des Thurmes aufzudecken, war wegen
der dort lagernden hohen Schuttmassen nicht möglich. Wir
suchten darum weiter nach Nordosten in dem Quadrate C3 nach
der Fortsetzung der Burgmauer und zwar mit Erfolg. Wir
fanden dort dieselbe stark geböschte Mauer aus kleinen Steinen,

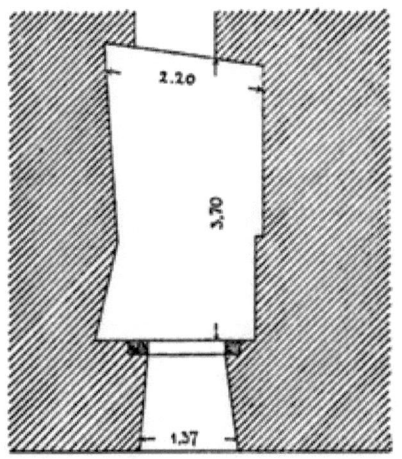

Fig. 18. Grundriss der Pforte F II der II. Schicht.

welche H. Schliemann früher in den Quadraten G 3 und H 4
entdeckt hatte. Sie hat auch an dieser Stelle eine so starke
Böschung, dass man ohne Schwierigkeit an ihr hinaufsteigen
kann. Sie bildet auch nicht selbst die Burgmauer, sondern ist
nur ihr Unterbau gewesen.
Bei dieser Gelegenheit mag auch für die II. Schicht con-
statirt werden, was wir oben für die VI. feststellten, dass nämlich die Burgmauern stets eine grössere Böschung haben als die
Thürme. Da nun steile Mauern aus kleinen Steinen keine grosse
Standfestigkeit haben, mussten die Thurmmauern durch Holz-

anker verstärkt werden. Solche horizontale Balken aus Holz waren z. B. an der Aussenmauer des Thores *F L* vorhanden.

Nachdem wir durch Auffindung der stark geböschten Mauer in *C 3* einen werthvollen Anhaltspunkt für die Ergänzung der nördlichen Burgmauer der II. Schicht gewonnen hatten, hofften wir auch weiter östlich bei Tiefgrabungen noch Reste der Mauer zu finden, um so den ganzen Kreis der Burgmauer ergänzen zu können. Wir gruben deshalb in *D 2* und *D 3*, leider ohne den gewünschten Erfolg. Keine Spur der Mauer war dort zu finden. Statt dessen kamen die auf Tafel I gezeichneten dünnen Mauern zum Vorschein, welche wegen ihrer beträchtlichen Tiefe und wegen der zwischen ihnen gefundenen Topfscherben der I. Schicht zuzutheilen sind.

Es ist damit erwiesen, dass sich die Mauern der ältesten Ansiedelung auch an dem nördlichen Abhange des Hügels hinunterzogen.

Da es sehr erwünscht wäre, wenn an der Nordseite des Hügels noch irgend ein sicheres Stück von der Burgmauer der II. Schicht gefunden würde, werden wir bei den neuen Ausgrabungen nochmals im Quadrate *F 2* eine Tiefgrabung vornehmen. Es ist nicht unmöglich, dass in dem grossen Erdklotz, der dort noch ganz unberührt steht, ein Rest der Mauer erhalten ist.

B. Die VII. und VIII. Schicht. Das griechische Ilion.

Die beiden Ansiedelungen, welche unmittelbar über der mykenischen Schicht ihre Reste zurückgelassen haben, mögen hier zusammen betrachtet werden, weil ihre Scheidung noch nicht an allen Stellen gelungen ist. Besonders für die Ausbesserungen und Veränderungen der alten Burgmauer ist im Einzelnen noch nicht ermittelt, ob sie in früh- oder spätgriechischer Zeit stattgefunden haben. Bei den Gebäuden im Innern der

Burg würde sich die Scheidung durchführen lassen, doch verzichten wir vorläufig darauf, weil wir beiden Ansiedelungen hier nur wenige Sätze widmen können.

Fig. 15. Die Ausgrabungen im westlichen Theile des Burghügels. Links der Boden der II. Schicht, in der Mitte eine Mauer des Gebäudes VI A der VI. Schicht, rechts eine Mauer des Gebäudes VII A der VII. Schicht.

In altgriechischer Zeit finden wir wieder Wohnhäuser auf der alten Pergamos. Sie bilden eine dorfähnliche Ansiedelung, die in und auf den ausgedehnten Ruinen der zerstörten Burg der mykenischen Epoche stand. Wie man die Bausteine der ältern Burg benutzte, um die Häuser zu errichten, haben wir oben bei Besprechung des Megaron VI A schon gesehen. Der Bau, welcher über diesem Megaron aufgeführt wurde, ist auf den Plänen mit VII A bezeichnet und auf der vorstehenden Abbildung (Fig. 19) rechts zu sehen. Ein grosses Rechteck, dessen eine Langseite die Burgmauer selbst ist, wird durch eine noch wohlerhaltene Längswand und mehrere Quermauern in verschiedene Räume getheilt. Diejenigen Zimmer, welche an die alte Burgmauer anstossen, haben als Vorrathsräume gedient, wie die zahlreichen Pithoi mit Erbsen und andern Feldfrüchten beweisen, welche bei den Ausgrabungen von 1890 hier gefunden wurden (vgl. Bericht 1890, S. 17). Auch im Jahre 1893 kamen wieder vier solcher Krüge zum Vorschein (die vier untern auf Fig. 2), die sämmtlich noch mit Steinplatten zugedeckt waren. Bei dem einen war die Platte sogar noch ringsherum mit Lehm verschmiert, ein sicherer Beweis dafür, dass Luft und Insekten möglichst abgehalten werden sollten. Die Pithoi waren leer, mit Ausnahme des einen an der Seite beschädigten, der viele Erde enthielt. Sie müssen im Alterthum also wol Flüssigkeiten enthalten haben.

Ein anderes bemerkenswerthes Haus der griechischen Zeit liegt in den Quadraten *B* 7 und *C* 7 gerade über der schönen Rampe der II. Burg. Es hat an seiner nach Nordwesten gerichteten Vorderseite zwei parastadenartige Vorsprünge, welche eine kleine Vorhalle bilden. Eine gewisse Aehnlichkeit mit dem Bau VI *C* ist nicht zu verkennen. Ueber diesen beiden Bauwerken, aber noch unterhalb des grossen römischen Gebäudes IX *A*, waren an dieser Stelle noch zwei getrennte Schichten von Häusern vorhanden, deren Grundrisse in dem Quadrat *B* 6 zum Theil gezeichnet sind. Sie sind schlechter gebaut als die Häuser der VII. Schicht und passen daher sehr gut zu dem

Bilde, das wir uns nach der Beschreibung des Demetrios von Skepsis (bei Strabo XIII, 594) von dem Ilion der hellenistischen Zeit machen müssen.

Erwähnen müssen wir ferner diejenigen Mauern der VII. und VIII. Schicht, welche in den Quadraten $J6$, $J7$, $H6$ und $H7$ unter den römischen Gebäuden und über den Bauten der mykenischen Zeit gefunden sind. Auch hier haben wir sehr einfache Wohnhäuser vor uns, deren geringe Mauerstärke schon ihre Dürftigkeit beweist. Ihr Alter ist vollkommen gesichert durch die zahlreichen Vasenscherben und die andern Gegenstände, welche in ihnen gefunden wurden.

Nach einem Tempel der griechischen Zeit haben wir bisher vergeblich gesucht; doch ist zu beachten, dass wir nur einen sehr geringen Theil der Ausdehnung der griechischen Ansiedelung kennen. Zwischen dem römischen Tempel IX P und dem römischen Altar, also in dem Quadrate $J4$, wo noch nicht bis zur griechischen Schicht hinuntergegraben ist, können sehr wohl noch Mauern des griechischen Tempels erhalten sein.

Was von griechischen Festungsmauern gefunden ist, wurde schon bei der Beschreibung der Burgmauer aus mykenischer Zeit erwähnt. Die uns bisher bekannten Reste sind noch zu gering, um nach ihnen ein Bild von den verschiedenen Umbauten und Reparaturen der alten Mauer in den verschiedenen Epochen der griechischen Zeit entwerfen zu können. Wir verschieben deshalb die Untersuchung darüber bis zum Abschluss der neuen Ausgrabungen.

C. Die IX. Schicht. Die Akropolis des römischen Ilion.

Alexander der Grosse hatte den Bewohnern von Ilion versprochen, ihr Dorf wieder zu einer mächtigen Stadt und ihren Tempel der Athena wieder zu einem berühmten Heiligthum zu machen. Diese Pläne kamen aber erst nach seinem Tode durch

Lysimachos zur theilweisen Ausführung. Wie Strabo (XIII, 593) berichtet, sorgte dieser ganz besonders für die Stadt, erbaute einen Tempel, führte eine vierzig Stadien lange Mauer um sie und siedelte die Bewohner anderer Städte der Umgegend in ihr zusammen. Gross war die Stadt dadurch geworden, glänzend aber noch nicht, denn Demetrios von Skepsis, der die Stadt noch später besuchte, nennt sie an der oben citirten Stelle eine Komopolis und fügt hinzu, er habe die Häuser so vernachlässigt gefunden, dass sie nicht einmal Ziegel auf den Dächern hätten.

Zu einer glänzenden Stadt wurde sie erst durch die Römer. Nachdem nämlich Fimbria im Jahre 85 v. Chr. die Stadt zerstört hatte — nach Appian Mithrid. 53 soll die Zerstörung vollständiger gewesen sein, als die durch Agamemnon bewirkte — wetteiferten die römischen Grossen miteinander in der Begünstigung und Ausschmückung der Stadt. Zuerst scheint Sulla, der Besieger des Fimbria, die Stadt wieder hergestellt zu haben. Dann wurde sie von Julius Caesar, der sie als die Stammburg seines Geschlechts betrachtete, in jeder Weise begünstigt; er soll sogar den Gedanken gehabt haben, sie zur Hauptstadt des römischen Reiches zu machen. Kaiser Augustus und mehrere seiner Nachfolger setzten die Gunstbezeugungen fort, und so wurde aus dem ärmlichen Dorfe der griechischen Zeit eine grosse Marmorstadt, auf deren Akropolis ein glänzender Tempel und ein mit vielen Weihgeschenken ausgestatteter Bezirk der Athena lag.

Von der Unterstadt ist bisher nur wenig ausgegraben: eine Säulenhalle, ein grosses Theater und mehrere Häuser mit Mosaikfussböden. Ein grösseres Stück soll demnächst freigelegt werden. Die Akropolis ist dagegen in ihrer obersten Schicht fast ganz ausgegraben, nur kleine Stücke im Süden und Osten sind noch unberührt und harren der Aufdeckung. Was an römischen Gebäuden gefunden ist, veranschaulicht Tafel I, auf welcher alle Mauern und Fundamente der obersten Schicht eine blaue Tönung tragen. Es ist nicht unmöglich, dass das eine

oder andere der vielen Quaderfundamente etwas älter ist und
noch aus hellenistischer Zeit stammt, doch da dies bisher für
keines sicher nachgewiesen werden konnte, nehme ich vorläufig
an, dass die aus regelmässigen Quadern erbauten Mauern der
römischen Epoche angehören.

Wenn man einen Blick auf die gesammte Akropolis wirft,
so fällt zunächst auf, dass nur im östlichen und westlichen Theile
römische Anlagen vorhanden sind. Im Süden sind erst wenige
römische Bauwerke aufgedeckt, weil die Grabungen noch nicht
abgeschlossen sind; es werden nahe der südlichen Burgmauer
voraussichtlich noch mehrere Bauwerke zum Vorschein kommen.
Im Norden und in der Mitte der Burg ist dagegen so gut wie
nichts mehr erhalten. Hier sind leider bei den frühern Ausgrabungen alle römischen Bauwerke als unwichtig zerstört worden. Zum Glück reichen die vorhandenen Gebäude noch aus,
um sich ein allgemeines Bild von der Akropolis machen zu
können. Die östliche Hälfte der Burg war ganz von dem Bezirk der Athena und andern Heiligthümern eingenommen, während der ganze Westen und ein Streifen im Süden vielleicht
für Verwaltungsgebäude und andere Anlagen bestimmt war.

Bevor wir auf die einzelnen Gebäude eingehen, sei noch im
allgemeinen bemerkt, dass die Bauwerke der obersten Schicht
fast ausnahmslos so vollständig zerstört sind, dass nur noch
Fundamente an Ort und Stelle geblieben sind. Nur weil diese
sehr tief in den Boden hinabreichen und in sehr solider Weise
ausgeführt sind, ist überhaupt noch etwas von ihnen erhalten.
Die totale Zerstörung ist hauptsächlich im Mittelalter und in
der neuern Zeit erfolgt, denn fast alle Kirchen und Begräbniss-
plätze der Umgegend von Ilion sind mit den Bausteinen der
römischen Akropolis hergestellt. Wenn man die türkischen
Friedhöfe von Tschiblak, Halil-Eli und Kum-Köi besucht, glaubt
man sich in ein Magazin von Säulen, Gesimsen, Reliefs und Inschriften versetzt, zu Hunderten liegen die grossen Marmorsteine

dort herum. Dass sie alle von Ilion stammen, lehren die darunter befindlichen Inschriften mit dem Namen der Ilier und ausserdem diejenigen Bauglieder, von denen gleiche Stücke in Ilion selbst und auf den Friedhöfen gefunden sind.

Infolge der gänzlichen Zerstörung ist es leider in den wenigsten Fällen möglich, die Bauglieder bestimmten Fundamenten zuzutheilen und so eine bildliche Ergänzung der einzelnen Bauwerke zu geben.

Der Hauptaufgang zur römischen Akropolis lag im Südosten, in unserm Plane in dem Quadrate $G\,10$. Wir haben dort eine Säulenhalle IX E und vor ihr mehrere Statuenbasen aufgedeckt, welche einen zur Akropolis führenden Weg auf der Ostseite einfassten. Stieg man hier hinauf, so hatte man zur Linken ein langes Gebäude IX B, dessen Bestimmung unbekannt ist, zur Rechten den theaterförmigen Bau IX F, den wir zum Unterschied von dem grossen Theater kurz Odeion nennen wollen, obwol er auch ein Sitzungssaal der Bule oder etwas Aehnliches gewesen sein kann. Gerade vor sich hatte man das Propylaion IX D, welches das Eingangsthor des heiligen Bezirks der Athena bildete. Sein aus grossen Quadern bestehendes Fundament ist schon in frühern Jahren ausgegraben und im Buche „Troja“ (S. 231) besprochen worden.

Der wichtigste Bau im Innern des Bezirks war unzweifelhaft der grosse Tempel der Athena, dessen Standplatz gerade gegenüber dem Thore bei IX P aufgefunden ist. Man erkennt auf dem Plane ein grosses Rechteck von 16,₄₀ m zu 35,₂₀ m. Das sind die geringen Fundamentreste eines grossen Marmortempels, der einst den Hauptbau der Akropolis bildete. Dass er der Athena geweiht war, kann nicht zweifelhaft sein, weil diese Göttin zu allen Zeiten die Polias von Ilion gewesen ist.

Die Umfassungsmauern des heiligen Bezirks, welcher beim Thore begann und den Tempel umschloss, sind trotz ihrer grossen Zerstörung noch auf allen vier Seiten zu constatiren. Die süd-

71

Fig. 20. Die Ausgrabungen im östlichen Theile des Burghügels. Die Gebäude der VII. bis IX. Schicht.

liche Grenze bildeten zwei Säulenhallen, welche sich unmittelbar
an das Thorgebäude anschlossen und von denen nur die östliche
in ihren Fundamenten noch vorhanden ist, während die westliche

ganz zerstört ist. Im Osten reichte der Bezirk wahrscheinlich bis an die Mauer IX W' im Quadrate K 7 und weiter nördlich bis an das Gebäude IX M. Die nördliche Grenze wurde von der Mauer IX N gebildet, die an drei Stellen aufgedeckt ist und so weit vom Tempel entfernt liegt, dass ein Umgang um den Tempel möglich war. Als westliche Grenze dürfen wir mit grosser Wahrscheinlichkeit das Gebäude IX C annehmen, dessen Reste im Quadrate E 6 gefunden, aber jetzt fast ganz zerstört sind. Es bestand aus einer zum Bezirk gerichteten Säulenhalle und mehrern dahinter liegenden Zimmern. Ein kleines Stück dieser Halle habe ich selbst im Jahre 1882 noch gesehen und aufgenommen.

Der von diesen vier Grenzen eingeschlossene Raum bildet annähernd ein Quadrat von etwa 80 m Seitenlänge, welches durch einen vom Thorgebäude zum Tempel führenden Weg in zwei Theile zerlegt wurde. Auf beiden Seiten dieses Weges bemerken wir eine Anzahl Quaderfundamente von verschiedener Grundform, welche theils kleine Gebäude, theils Standbilder und Weihgeschenke und theils Altäre getragen haben. Beachtenswerth ist unter ihnen besonders das Fundament IX R, welches aus fünf kleinen Quadraten besteht, von denen die vier äussern vielleicht Pfeiler trugen, die durch Bogen miteinander verbunden waren und grosse Nischen bildeten.

In der östlichen Hälfte des Bezirks scheint ein besonderes Heiligthum eines Heros gelegen zu haben. Dort kam nämlich das Fundament IX J und eine von Norden nach Süden gerichtete lange Quadermauer zum Vorschein, welche kaum etwas anderes sein können als die Reste eines Thorgebäudes und einer Umfassungsmauer eines besondern Heiligthums. Auf dem vorstehenden Bilde (Fig. 20) sind beide Mauern gut zu erkennen. Nordöstlich von dem Fundament IX J wurde eine grössere Anzahl von kleinen Terracottareliefs gefunden, welche einen Reiter darstellen und Weihgeschenke gewesen sind. Obwol die Reliefs älter als die Mauern sind, werden wir den Bezirk doch als Heroon bezeichnen dürfen. Man möchte an das Heiligthum des Hektor denken, das in dem Briefe des Kaisers Julian (vgl. „Ilios", S. 207) genannt wird, wenn dieses Heroon nicht nach den Worten Julian's in grösserer Entfernung von dem Athena-Heiligthum gesucht werden müsste. Es ist Aussicht vorhanden, dass die neuen Ausgrabungen diese Frage zur Entscheidung bringen.

Ueber die aufgefundenen Weihreliefs berichtet A. Brueckner:

„Zwischen der Quadermauer in J6 und dem Punkte JK 5, 6 nordöstlich von dem auf dem Plane I mit 26,63 bezeichneten Punkte wurden dicht beieinander im Erdreich, unmittelbar unter der Oberfläche, gegen 50 Thontäfelchen gefunden, die mit wenigen Ausnahmen einen Typus wiedergeben: einen nach links sprengenden Reiter. Die Abbildung in Fig. 21 gibt eins der wenigen vollständigen Exemplare wieder. An schärfer ausgedrückten Bruchstücken wird es deutlicher, dass der Kopf bedeckt ist und die linke Hand in dem dicht angezogenen Mäntelchen vor der Brust liegt. Die Täfelchen gehören wol rund dem vierten vorchristlichen Jahrhundert an, zum guten Theil sind es nur stumpfe Ausdrücke derselben Form. Die Maasse wechseln zwischen 9:11 cm und 11:14 cm. Von Farben zur Bemalung ist hier und da noch weiss und roth erhalten. Für ihre ehemalige Befestigung in dem Heiligthume, in welches sie geweiht waren, ist keinerlei Vorrichtung an ihnen bemerkbar.

„Der Typus des sprengenden Reiters begegnet nicht zum ersten Male in Hissarlik. „Ilios", S. 688, bildet Schliemann einen Reiter in Relief ab, der darin von unsern Funden abweicht, dass er bärtig erscheint; leider ist das Stück in der Berliner Sammlung nicht ausfindig zu machen, um die Abbildung daraufhin zu controliren. Auch sonst sind über den ganzen Hügel von Hissarlik verstreut Bruchstücke der Reiterreliefs bei den verschiedenen Ausgrabungen gefunden worden und befinden sich jetzt in Berlin. Die grosse Zahl gleichartiger Täfelchen aber, die wir im Osten in dem Athena-Bezirk antrafen, führt darauf, dort auch den Cult zu localisiren, in dem sie dargebracht waren.

„Dass der Reiter der Angebetete ist, nicht der Anbetende — woran man mit Rücksicht auf die hippischen Agone in Ilion und auf Fig. 23 denken könnte —, ist aus einem Fragmente im Berliner Museum zu schliessen: auf ihm ist vor die Figur des Reiters ein Altärchen gestellt (Fig. 22, etwas vollständiger „Trojanische Alterthümer", Taf. 164, 3200). Dass es dann ein jugendlicher Heros ist, dafür spricht die züchtige Haltung des Reiters und vornehmlich das Grössenverhältniss im Relief Fig. 23. Dies ist mit der Menge der Reiterreliefs und zusammen mit einer mehr zerstörten Replik gefunden worden (h. 0,10, br. 0,105). Zwischen zwei Pfeilern, die einen Giebel trugen, steht rechts eine hohe weibliche Gestalt, lang bekleidet. Sie sieht zu dem jugendlichen Reiter hin, der vor ihr auf sprengendem Pferde hält. Ihr gesenkter linker Arm ist im Ellenbogen gehoben, die Hand lag vor dem Leibe; die rechte Hand ist weggebrochen, sie kann nach Lage des in der Mitte fehlenden Dreiecks vorgestreckt gewesen sein.

„Zusammen mit diesen Reliefs fand sich aber auch in zwei Täfelchen die Göttin allein dargestellt. In schmalerm Felde, das rechts und links eingefasst scheint, steht im Profil nach links eine weibliche Gestalt, in Chiton und Himation gekleidet, beide Arme im Gewande, der rechte liegt im Mantel vor der Brust. Statt der beiden recht stumpfen und fragmentarisch erhaltenen, 1893 gefundenen Exemplare, bilde ich ein seit Schliemann's erster Schenkung im Berliner Museum befindliches ab (Fig. 24, vgl. „Trojanische Alterthümer", Taf. 165, 3214), das nach den Proportionen der Gestalt nur etwas jünger sein mag und auch die Figur in umgekehrter Richtung zeigt (h. 0,13).

„Ich finde nichts überliefert, was uns zur Benennung dieses Heros und dieser Göttin verhülfe."

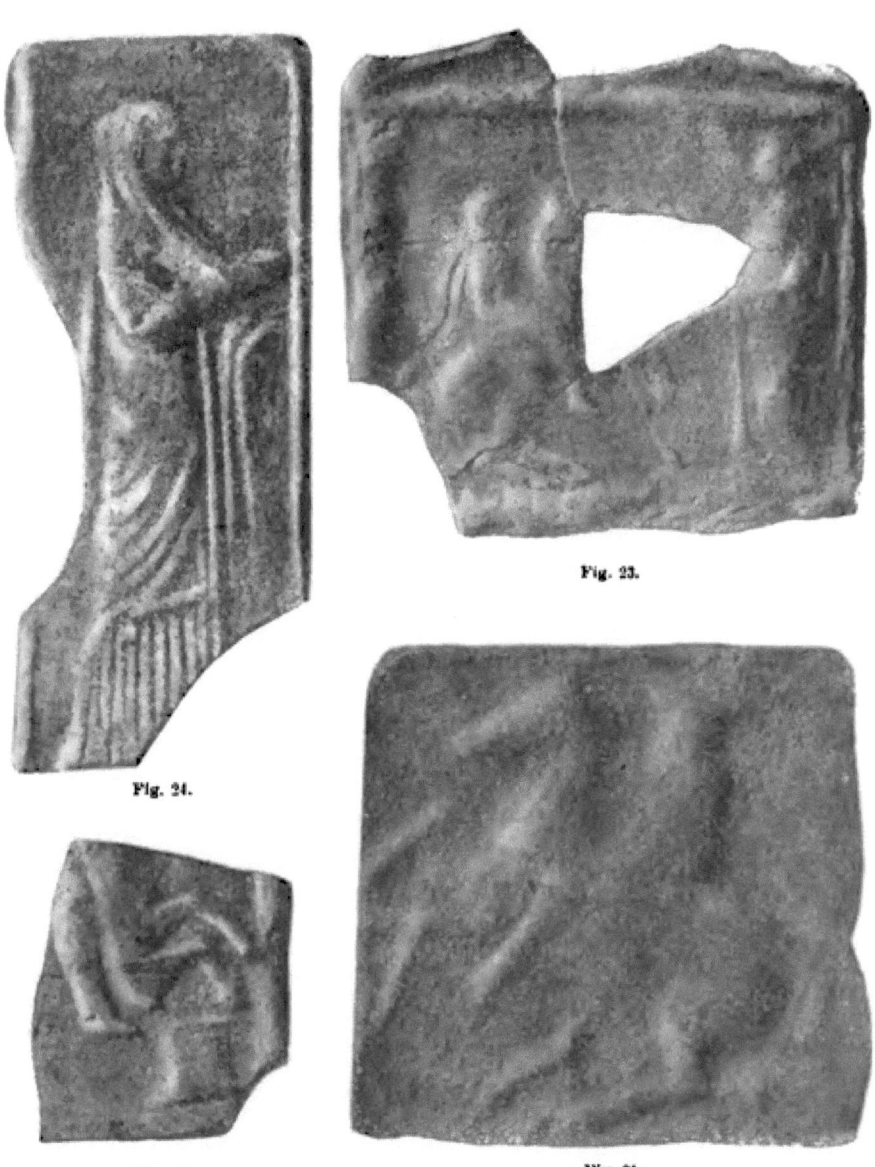

Fig. 23.

Fig. 24.

Fig. 22.

Fig. 21.

Thontäfelchen aus einem Heroon.

76

Einer besondern Erwähnung und Erklärung bedürfen noch die grossen Quaderfundamente, welche man östlich vom Athena-Tempel bemerkt. Das unmittelbar neben der Ostfront des Tempels aufgedeckte Fundament IX Q, welches in der im Plane mit punktirten Linien angegebenen Weise zu ergänzen ist, dürfte einen besondern Stufenvorbau des Tempels getragen haben. Der grosse freie Platz vor dem Tempel war ganz mit Marmorplatten gepflastert, deren aus weichem Kalkstein gebildetes Fundament noch erhalten ist und auf dem Plane die Bezeichnung IX L trägt. Das Pflaster reichte östlich bis zu einem grossen Altar, dessen Fundament leider so sehr beschädigt ist, dass sein Grundriss nicht mehr mit vollkommener Sicherheit ge-

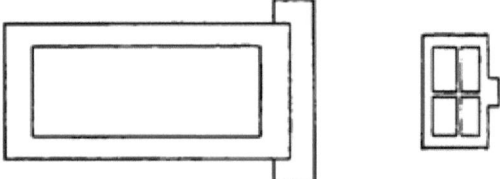

Fig. 25. Römischer Tempel und Altar.

zeichnet werden kann. Die Gestalt des Altars und seine Lage zum Tempel wird durch die vorstehende Abbildung (Fig. 25) veranschaulicht. Er lag genau in der Axe des Tempels und war offenbar einer der grossen Hekatomben-Altäre, deren es in Kleinasien bekanntlich viele gegeben hat. Zu der Benennung Altar berechtigt uns einerseits seine Lage gegenüber dem Eingang des Tempels und andererseits der Umstand, dass sein Unterbau ebenso wie beim Altar in Pergamon aus rostartigen Mauern besteht, deren Zwischenräume mit Kieseln und Lehm ausgefüllt sind.

Der Tempel selbst hat eine so vollständige Zerstörung erfahren, dass es unmöglich gewesen wäre, seine Gestalt zu bestimmen und selbst seine Lage festzustellen, wenn nicht zu

seiner Fundamentirung 8 m tiefe Gräben gezogen und mit Sand
ausgefüllt worden wären. Diese Gräben, welche bis zur II. Schicht
hinabreichen, waren schon seit Jahren bemerkt, aber in ihrer
Bedeutung nicht erkannt worden. Erst bei den letzten Ausgrabungen ist ihr Zweck vollständig klar geworden: sie waren
behufs Herstellung von Sandfundamenten für die Ringhalle des
Tempels angelegt. Während des Baues sind sie mit hölzernen
Balken, deren Standorte noch deutlich zu erkennen sind, abge-
stützt und dann 3,6 m hoch mit Sand angefüllt worden, der
vermittelst Wasser hineingeschlemmt wurde. Auf der festen
Unterlage dieses Sandes begannen die Fundamente aus Quadern,

Fig. 26.

welche eine Höhe von fast 5 m hatten. Solche Fundirungen
mit Sand oder Kies sind auch für andere Orte nachgewiesen,
so für Magnesia am Maiander (im Theater), für Megalopolis
(im Thersilion), für Olympia (am Schatzhause von Sybaris).

Auf den Oberbau des Tempels will ich hier nicht näher
eingehen, weil noch nicht alle Bauglieder zusammengefunden
sind und wir Hoffnung haben, bei weitern Nachforschungen auf
den Friedhöfen noch einige fehlende Stücke zu finden. Die
bisher bekannten Bauglieder sind schon in Schliemann's „Troja"
(1884, S. 224) mitgetheilt und besprochen.

Dagegen müssen wir der Frage nach der Erbauungszeit

des Tempels auf Grund eines neuen Fundes noch einige Worte widmen. Ich verwerthe dabei mehrere Beobachtungen und Angaben, welche mir die Herren A. Brueckner und H. Winnefeld mitgetheilt und freundlichst zur Verfügung gestellt haben.

Dicht östlich nämlich vor dem Sandgraben *P*, in *II* 4, ist ein 0,73 m hoher, rechts bei 1,20 Länge und hinten bei 0,58 Dicke gebrochener Block aus bläulichem Marmor gefunden worden. Sein linker Rand ist erhalten. Auf dem Block sind nacheinander zwei Inschriften angebracht worden: die eine ist in zwei Zeilen angeordnet in grossen (h. 0,12 bis 0,13), aber sehr flach und unregelmässig eingeritzten Buchstaben; von der andern sind nur die Zapfenlöcher für die sehr viel stattlichern metallenen Lettern (h. ca. 0,20) erhalten, die in einer Zeile genau in der Mitte der Höhe der Schriftfläche befestigt waren, während die zweizeilige Inschrift etwas nach oben gerückt ist. Sichere äussere Anhaltspunkte zur Entscheidung, welche Inschrift die ältere sei, sind nicht mehr zu gewinnen, da die Ränder der Zapfenlöcher stark verwittert sind. Aus der Stellung der Zapfenlöcher lassen sich die Buchstaben OYIOYA, d. i. ὲ οῦ Ἰουλίου erschliessen. Diese Inschrift muss sich also rechts und links noch über weitere Blöcke erstreckt haben; dies, ferner die obere dorische Randleiste mit der noch erhaltenen Ecke eines Tropfens links oben, schliesslich die Fundstelle östlich vor dem Sandgraben, der das unterste Fundament des Athena-Tempels bildete, ergibt mit Sicherheit, dass wir es mit dem Architrav des Tempels selbst zu thun haben.

Von der zweizeiligen Inschrift ist dicht bei der linken Kante des Steins in Αὐτοκράτωρ und υἱός unzweifelhaft der Anfang erhalten; sie wird also wahrscheinlich bis zum andern Rande des Blocks gereicht haben, dessen Länge aus den Maassen der übrigen Bauglieder auf 2,50 m bestimmt werden kann, und dieser Raum reicht in der That gerade für die Ergänzung eines Kaisernamens aus. Die Buchstabenformen scheinen der ersten

Kaiserzeit anzugehören. Demnach kann nur an Augustus als den
Weihenden gedacht werden, denn „seine drei nächsten Nachfolger Tiberius, Gaius und Claudius haben sich des *pronomen
imperatoris* enthalten" (Mommsen, Staatsrecht II, 2, [3. Aufl.],
S. 769); es liegt also eine Ergänzung nahe wie

Αὐτοκράτωρ Καῖσαρ θεοῦ Ἰουλίου
υἱὸς Σεβαστὸς τῇ Ἀθηνᾷ τῇ Ἰλιάδι.

Ist damit auch nur der ungefähre Inhalt der Inschrift richtig
getroffen, so war der Block aller Wahrscheinlichkeit nach gerade
der Architravbalken über dem Mittelintercolumnium der Ostseite. Die einzeilige Inschrift erstreckte sich dagegen mindestens
über die drei mittlern Architravblöcke, und zwar liegt die Mitte
des mittlern Steins genau zwischen Ἰουλίου und der folgenden
Verwandtschaftsbezeichnung; war diese υἱός, so begann die Inschrift wahrscheinlich genau an der Kante zwischen dem ersten
und zweiten Architravblock und lautete vielleicht ebenfalls

Αὐτοκράτωρ Καῖσαρ θεοῦ Ἰουλίου υἱὸς Σεβαστὸς τῇ Ἀθηνᾷ τῇ Ἰλιάδι.

Handelte es sich um einen Enkel oder Urenkel des Divus Julius,
so müsste die Bezeichnung des Vaters (und eventuell Gross-
vaters) noch vorangehen und somit die Inschrift schon auf dem
Eckblock des Architravs begonnen haben, was weniger wahrscheinlich ist. Es handelt sich also in den beiden Inschriften
gar nicht um zwei verschiedene Weihungen oder Erneuerungen
des Tempels, sondern ihr Inhalt ist identisch und die zweizeilige
war nur als Ersatz für die einzeilige angebracht, als durch
irgendwelchen Zufall deren Metallbuchstaben ganz oder theilweise verloren waren. Dazu stimmt sehr gut, dass die zweite
Zeile der zweizeiligen eben mit dem Worte beginnt, das in der
einzeiligen unmittelbar hinter der Mitte gestanden zu haben
scheint. Man kommt damit über die Schwierigkeit hinweg, dass

man sich in der kurzen Zeit der julischen Dynastie zwei Erneuerungen oder einen Neubau und eine Erneuerung zu denken
hätte.

Für die Entscheidung der Frage, wer den Tempel erbaut
habe, zu dem dieser Architrav und also auch die erhaltenen
Säulen, Metopen und sonstigen marmornen Architekturglieder
gehören, ist, da der Schluss beider Inschriften verloren ist, aus
ihnen leider kein sicheres Material zu gewinnen. Nach der
Ueberlieferung bei Strabo (XIII, 593) hat Lysimachos das Versprechen Alexander's eingelöst und einen Tempel, wie sich aus
dem Zusammenhang der Stelle ergibt, der Athena gebaut. Bei
der Thätigkeit des Augustus kann es sich nun nicht um diejenige Ausbesserung handeln, deren Spuren wir noch in der
verschiedenen Arbeit der Simastücke und sonst erkennen; diese
Flickarbeiten sind viel zu plump und roh, als dass sie der
augusteischen Zeit zugeschrieben werden könnten. Da aber Spuren
eines andern Umbaues nicht nachweisbar sind, liegt es nahe,
einen völligen Neubau durch Augustus anzunehmen. Der Tempel
des Lysimachos, der das Bundesheiligthum des seit der Zeit der
Diadochen bestehenden ilischen Städtebundes war, kann in den
300 Jahren, die seit seiner Gründung verflossen waren, und die
für Ilion und den Bund viele Wechselfälle, mehrere feindliche
Invasionen und Zeiten grosser Armuth gebracht hatten (vgl.
Inschrift Nr. 5), recht wohl dermassen in Verfall gerathen sein,
dass Anlass zu einem Neubau vorlag. Dass keine Reste eines
solchen ältern Baues erkennbar sind, kann bei der Gründlich-
keit, mit der bei Errichtung des Tempels, dessen Trümmer wir
besitzen, und der mit ihm zusammengehörigen Anlagen die
ganze Kuppe des Hügels rasirt wurde, nicht weiter überraschen.

Ich halte es daher für sehr wahrscheinlich, dass Kaiser
Augustus der Erbauer des Tempels und damit auch des gleichzeitig errichteten grossen Altars ist. Weitere Untersuchungen
über die Bauglieder des Tempels werden uns voraussichtlich

gestatten, später mit grösserer Bestimmtheit hierüber zu
sprechen.

Von den Gebäuden in der westlichen Hälfte der Akropolis
ausserhalb des Bezirks der Athena ist nur eines beachtenswerth,
nämlich der grosse mit IX A bezeichnete Bau in den Quadraten
A 5 bis B 6. Er bestand aus zwei nebeneinander liegenden
Sälen, von denen der grössere durch Innensäulen in drei Schiffe
getheilt war, und der kleinere möglicherweise eine Vorhalle
bildete. Seine Bestimmung ist unbekannt. Obwol er unzweifelhaft der obersten Schicht angehört, gehen seine tiefen Fundamentmauern bis zur VI. Schicht hinab: an der östlichen Ecke
reicht die eine der Mauern sogar bis zur Burgmauer der II. Schicht.
Gerade unter dieser Fundamentmauer ist der grosse zur II. Schicht
gehörige Schatz gefunden worden, denn die von H. Schliemann
im Buche „Ilios", S. 48, beschriebene Mauer von 5 Fuss Dicke
und 20 Fuss Höhe, in welcher er eine nachtrojanische Befestigungsmauer sah, ist mit unserer römischen Fundamentmauer
identisch. Es war jene hohe Mauer, welche auf den glücklichen
Finder herabzustürzen drohte, als er den grossen Schatz selbst
Stück für Stück aus der Erde zog.

In der westlichen Hälfte der Burg scheint auch ein Gebäude
von 59 Fuss Länge und 43 Fuss Breite gelegen zu haben,
welches H. Schliemann im Buche „Ilios" (S. 26) erwähnt und
wegen der darin gefundenen Inschriften für das Buleuterion hält.
Leider ist aber seine genaue Lage aus Schliemann's Beschreibung
nicht zu entnehmen, weil die Angabe, dass der Bau am Nord-
abhange liege, nicht zu dem auf der zugehörigen Tafel angegebenen Buchstaben (Z) passt, da dieser letztere vielmehr an der
Südseite eingeschrieben ist. Der Name Buleuterion ist übrigens
auch durchaus nicht gesichert.

Die übrigen auf Tafel I durch blaue Farbe hervorgehobenen
Gebäude der IX. Schicht sind unbedeutend und können hier
übergangen werden. Die Beschreibung des oben kurz erwähnten

Odeion wird am besten verschoben, bis seine noch unter der
Erde liegenden Theile ausgegraben sind. Was bisher bekannt ist,
lässt sich aus dem Grundriss auf Tafel I ersehen. Der schon
ausgegrabene Theil liegt hauptsächlich in dem Quadrate $H9$.
Von spätrömischen oder byzantinischen Bauwerken, welche
auf der Akropolis zu Tage gekommen sind, verdienen nur drei
Pfeiler kurz erwähnt zu werden, welche in dem Quadrate $J6$
nordwestlich von dem Thorfundament IX J liegen und auf dem
Plane I ebenfalls mit blauer Farbe angelegt sind. Sie sind in
roher Weise aus verschiedenen ältern Baugliedern zusammen-
gebaut und scheinen in einer Zeit errichtet worden zu sein, als
mehrere der andern römischen Gebäude schon zerstört waren.

D. Die Ausgrabung in dem Quadrate $C7$ und die Feststellung der Zahl der Schichten.

Eine der Aufgaben, welche wir uns für die Arbeit des
Jahres 1893 gestellt hatten, war die schichtweise Abdeckung
eines kleinen, bisher von den Ausgrabungen noch ganz unbe-
rührten Platzes, um noch einmal möglichst genau festzustellen,
welche Arten von Gebäuden in den verschiedenen Schichten vorhanden sind, und welchen Epochen die in diesen Bauwerken
vorkommenden Gegenstände (Vasen, Bronzen, Steingeräth u. s. w.)
angehören.
Zu diesem Zweck wählten wir einen Platz in dem Quadrate
$C7$ unmittelbar ausserhalb der Burgmauer der II. Schicht, aber
noch innerhalb der jüngern Burg. Wir suchten gerade diesen
aus, weil hier die Schichten durch keinerlei Grabung zerstört
waren, weil ferner in der danebenliegenden grossen Rampe des
Thores FM der II. Burg ein sicherer Fixpunkt für die Höhenlage der II. Schicht vorhanden war, und weil endlich die Schuttmassen von der II. Schicht bis zur Oberfläche des Hügels an
dieser Stelle die bedeutende Höhe von 13 m aufwiesen, woraus

83

man schliessen durfte, dass auch die einzelnen Schichten eine
grosse Höhe haben und leicht voneinander zu unterscheiden sein
würden.

Die Ausgrabung wurde in der Weise ausgeführt, dass wir
zuerst so tief gruben, bis eine Schicht von Mauern ganz freigelegt war. Die bis dahin gemachten Funde wurden, soweit
sie nicht ganz werthlos waren, sorgfältig gesammelt und als die
Funde der obersten oder 1. Schicht verzeichnet. Die aufge-

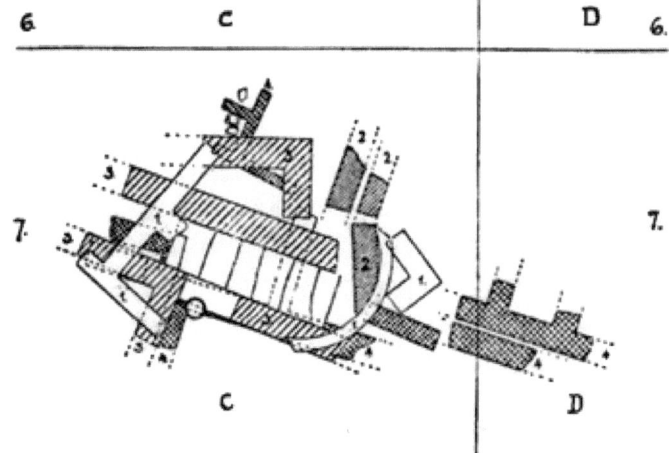

Fig. 27. Die Mauern der vier obern Schichten. (1 : 200)

deckten Mauern wurden aufgemessen, gezeichnet und von mehr-
rern Seiten photographirt. Erst nachdem dies geschehen, wurden
die Mauern abgebrochen und nun wieder so weit in die Tiefe
gegraben, bis eine neue, die 2. Schicht von Mauern zum Vorschein kam. In dieser Weise haben wir acht Schichten ausgegraben, ihre Mauern verzeichnet und ihre Einzelfunde gesammelt.
Die genaue Beschreibung der letztern findet man weiter unten
im Abschnitt IV, der die keramischen Funde behandelt.

Die Mauern, die aufgedeckt wurden, sind auf den beiden
Abbildungen Fig. 27 und 28 dargestellt und zwar in Fig. 27

6*

diejenigen der vier obern, in Fig. 28 die der vier untern Schichten. Wenn sie alle übereinander gezeichnet würden, könnte man aus dem Wirrwarr von Mauern überhaupt nicht mehr klug werden; schon die vier zusammen gezeichneten Mauern sind nur mit Mühe zu unterscheiden.

Für die einzelnen Schichten sind verschiedene Schraffirungen angewendet und ihre Mauern ausserdem mit Zahlen in der Weise bezeichnet worden, dass die Zahl 1 die oberste Schicht, die Zahl 2 die nächstuntere u. s. w., und schliesslich die Zahl 8 die unterste Schicht bedeutet. Die arabischen Zahlen sind gewählt zur Unterscheidung von unserer gewöhnlichen Zählung von unten, bei der stets lateinische Zahlen benutzt werden. An welche Stelle des grossen Plans die Grundrisse gehören, und wie sie beide übereinander zu legen sind, ergibt sich aus den angegebenen Trennungslinien der Quadrate des grossen Plans.

Während der Ausgrabung stellte sich heraus, dass der Platz in einer Beziehung nicht sehr gut gewählt war. Es zeigte sich nämlich, dass die meisten Schichten ein starkes Gefälle nach Süden und zum Theil auch nach Westen hatten; es war daher oft nicht genau zu bestimmen, wo die neue Schicht anfing. Ueberhaupt muss man sich vergegenwärtigen, dass eine genaue Trennung einzelner Schichten nur da möglich ist, wo feste Fussböden aus Stein oder Estrich vorhanden sind. Fehlen diese, so ist eine sichere Zutheilung der Funde zu den einzelnen Schichten unmöglich; die Gegenstände der einen Schicht werden allmählich in diejenigen der andern übergehen. Dass letzteres auch bei unserer Ausgrabung der Fall war, zeigt der im nächsten Abschnitte veröffentlichte Bericht von A. Brueckner über die hier gemachten Einzelfunde.

Wenn wir die Zahl der bei dieser kleinen Ausgrabung gefundenen Ansiedelungen zu einer neuen Zählung der Schichten auf dem Burghügel verwenden würden, so müssten wir zu den 8 constatirten Schichten noch die beiden untern Schichten I

und 11 hinzurechnen und würden also im ganzen 10 Schichten
erhalten. Eine solche neue Zählung wäre aber nicht nur un-
praktisch, weil jede Veränderung in der Benennung der Schichten
eine Verwirrung in den Fundnotizen und überhaupt in der
Literatur über Troja hervorrufen muss, sondern sie wäre auch
ganz unrichtig, weil wir bei unserer Ausgrabung nur vereinzelte
Gebäude, keine durch die ganze Burg durchgehenden Schichten
feststellen konnten. An mehrern Stellen der Burg sind Um-

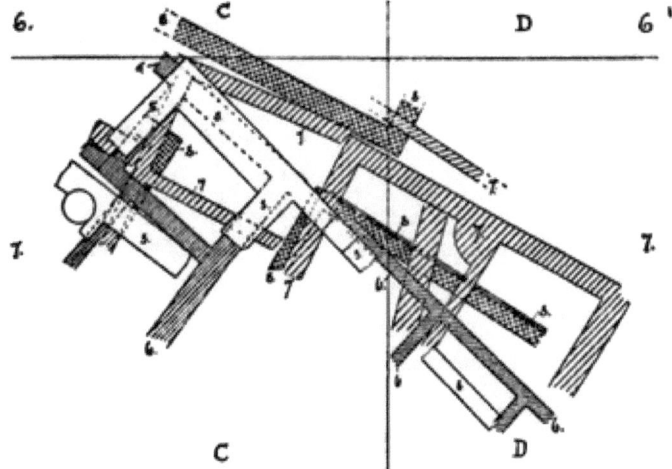

Fig. 28. Die Mauern der vier untern Schichten. (1 : 200)

bauten irgend eines Gebäudes vorgekommen, ohne dass damit
eine neue Besiedelung, eine durch den ganzen Burghügel hin-
durchgehende neue Schicht entstanden wäre.

In dem ganzen Burghügel zählen wir mit Schliemann neun
Schichten oder „Städte". Wir fanden sie alle bei der Grabung
in dem Quadrate C7 wieder. Hier kam nur noch eine Schicht
hinzu, die wir aber als Unterabtheilung oder zweite Periode
einer der Hauptschichten betrachten und so bei der Zählung
ausschliessen dürfen. Welche der gefundenen 8 Schichten in
dieser Weise auszuscheiden ist, wird sich erst bestimmen lassen,

wenn die ganze Umgebung des Platzes ausgegraben werden kann. Es ist daher vorläufig nicht möglich, die aufgefundenen Schichten in den festen Rahmen der neun Schichten mit Sicherheit einzuordnen und sie demnach mit römischen Zahlen zu bezeichnen. Aber wir dürfen wenigstens ohne Bedenken die 1. oder oberste mit der IX. Schicht, die 8. oder unterste mit der III. Schicht identificiren. Wahrscheinlich ist auch die 4. von oben mit der VI. (von unten) oder mykenischen Schicht identisch.

Es mag hier noch im allgemeinen bemerkt werden, dass die Zählung der Schichten, wie sie H. Schliemann eingeführt hat, einige Mängel aufweist, die wir uns keineswegs verhehlen. So würde es z. B. richtiger sein, die drei Dörfer, welche zwischen der II. und VI. Burg auf dem Hügel gestanden haben, als Unterabtheilungen einer einzigen Schicht aufzufassen und nur mit einer Zahl zu bezeichnen, wie die drei Perioden der II. Schicht auch nur eine Zahl tragen. Das Gesammtbild der Schichten würde dadurch auch an Uebersichtlichkeit gewinnen. Allein die mit jeder Umnennung verbundene Verwirrung würde schlimmer sein, als die kleinen Mängel der bisherigen Zählung. An dieser halten wir daher auch jetzt fest.

Die neun Schichten mögen hier unter Verweisung auf den schematischen Durchschnitt in Fig. 7 zur besseren Uebersicht in tabellarischer Form zusammengestellt werden.

Tafel der neun Schichten.

I. Unterste uralte Ansiedelung. Mauern aus kleinen Bruchsteinen und Lehm. Primitive Funde. Zeit nur geschätzt 3000 bis 2500 v. Chr.

II. Prähistorische Burg Troja; mit starken Vertheidigungsmauern und grossen Wohnhäusern aus Lehmziegeln. Dreimal zerstört und neugebaut. Monochrome Topfwaare. Viele Gegenstände aus Bronze, Silber und Gold. Zeit geschätzt 2500 bis 2000 v. Chr.

III, IV und V. Drei dorfähnliche prähistorische Ansiedelungen, oberhalb der Ruinen der verbrannten II. Burg. Wohnhäuser aus kleinen Steinen und Lehmziegeln. Aehnliche alttroische Topfwaare. Zeit etwa 2000 bis 1500 v. Chr.

VI. Burg aus mykenischer Zeit. Mächtige Burgmauer mit einem grossen Thurm und stattliche Häuser aus gut bearbeiteten Steinen. Die von Homer besungene Pergamos von Troja. Entwickelte monochrome troische Topfwaare. Daneben importirte mykenische Vasen. Etwa 1500 bis 1000 v. Chr.

VII und VIII. Dorfähnliche Ansiedelungen aus älterer und jüngerer griechischer Zeit. Zwei getrennte Schichten einfacher Steinhäuser oberhalb der Ruinen der VI. Schicht. Einheimische monochrome Topfwaare und fast alle bekannten Arten der griechischen Keramik. Zeit 1000 bis Chr. Geb.

IX. Akropolis der römischen Stadt Ilion; mit einem berühmten Heiligthum der Athena und prächtigen Gebäuden aus Marmor. Römische Topfwaare und andere Gegenstände. Marmorinschriften. Zeit von Chr. Geb. bis 500 n. Chr.

Für die ältern Schichten sind die angegebenen Zahlen lediglich geschätzt; nur ihr relatives Alter lässt sich bestimmen, das absolute ist gänzlich unbekannt. Auch bei den jüngern Schichten sind absichtlich ganz abgerundete Zahlen gewählt worden, um die Unsicherheit der Zeitangaben auch äusserlich hervortreten zu lassen.

IV. Die keramischen Funde.

Von Alfred Brueckner.

Sieben Ansiedelungsschichten zählte Schliemann in dem
Hügel von Hissarlik, als er im Buche „Ilios" über seine Ausgrabungen berichtete, und auf die sieben von ihm angenommenen
Städte vertheilte er seine einzelnen Funde. Wie aber oben ausgeführt ist, hatte sich diese Zahl als zu niedrig erwiesen, sodass
die Zutheilungen Schliemann's nicht mehr ganz zutrafen, wenn
sie auch vielfach auf Grund langjähriger Erfahrungen und genauer Kenntniss des Bodens mit richtigem Gefühl gemacht
waren. Zudem hatte innerhalb der annähernd neun Schichten
ausser der II. auch die VI. eine hochbedeutende Burganlage
ergeben, und damit entstand die Aufgabe, die Funde der II. Burg
mit denen der VI. zu vergleichen und die allmähliche Entwickelung von dieser zu jener und darüber hinaus zu verfolgen.

In Gemeinschaft mit Herrn Weigel habe ich mich dieser
Aufgabe durch Sammlung und Sichtung der Fundstücke unter-
zogen. Was wir aus der grossen Menge von Thonscherben und
Knochen und andern Gegenständen des Aufhebens werth hielten,
liegt heute verpackt in den Magazinen des Kaiserlich Ottomanischen Museums zu Konstantinopel. Der vorliegende Bericht
ist daher nur auf Grund der an Ort und Stelle von uns auf-

genommenen Notizen abgefasst, ohne die Fundstücke noch einmal geprüft zu haben. Dass wir gleichwol von ihnen einige Abbildungen beigeben können, ist einestheils Herrn Weigel zu danken, der in einem umfangreichen, dem Königlichen Museum für Völkerkunde zu Berlin übergebenen Inventar nahe an 500 Nummern gezeichnet hat, anderntheils dem Umstande, dass wir schon in Troja zum Zwecke des Berichts photographische Aufnahmen machen lassen konnten. Wo schliesslich aus den Beständen der Schliemann-Sammlung sich zu den neu gefundenen Bruchstücken vollständigere und deutlichere Parallelen boten, habe ich mich nicht gescheut, diese zum bessern Hinweise auf jene zu verwenden.

In keinem Theile des Hügels hat sich seit dem Verfalle der II. Stadt der Schutt so hoch aufgethürmt als in der Gegend vor der Südwest-Rampe. Deshalb ist, da wir unabhängig von Schliemann's Ansetzungen den Inhalt der Schichten noch einmal verfolgen wollten, dicht vor der Mauer der II. Stadt, da wo sie von Osten her an die Südwest-Rampe stösst, in C 7, eine bei den frühern Ausgrabungen noch unberührt gebliebene Schuttmenge abgegraben worden (vgl. S. 82 fg.). Ueber dem Boden der Rampe stand dort noch der Berg bis zu einer Höhe von 13 m an. In ihm sind 8 allmählich und je nach dem Verfall der voraufgegangenen übereinander gebaute Häuserschichten festgestellt und, um in die darunter befindliche Tiefe zu gelangen, fortgeräumt worden. Mit der 8. — mit der arabischen Ziffer zählen wir von oben aus — waren wir bis zum höchsten Punkte der Rampe, oder ungefähr bis zur halben Höhe der Ringmauer der II. Stadt und in die Trümmer ihrer von dem steinernen Unterbau hinabgestürzten Lehmziegelmauer gelangt. Wir dürfen daher die von oben gerechnet 8. Schicht etwa der dritten Stadt Schliemann's gleichsetzen. Es ist allgemein zu bemerken, dass bei der Zutheilung zu einer bestimmten Schicht der einzelne Fundgegenstand auch der nächst höhern oder tiefern Schicht angehören kann. Diese Unsicherheit bringt die Natur der Verhältnisse mit sich, sobald man zwischen Mauern gräbt, an denen die ehemalige Fussbodenhöhe meist nicht genau zu bestimmen ist. Aber verhältnissmässig war die Wahl der Stelle in C 7 für eine derartige Untersuchung glücklich deshalb, weil hier niemals wie sonst Fundamente sehr tief hinuntergeführt sind, durch welche das Erdreich aufgewühlt und damit die Beobachtungen unsicher gemacht wären. Vielmehr gab die Anlage und Erhaltung einer so breiten Treppe wie der in der 3. Schicht gefundenen die Gewähr, dass die Schicht darüber und darunter undurchstochen war.

Ich stelle die Behandlung der hauptsächlichen Funde, der keramischen, aus den 8 Schichten voran.

Fig. 29. Schalenform I.   Fig. 30. Schalenform II.

In der 7. und 8. Schicht ist kein besonderer Unterschied von der Keramik der II. Stadt zu erkennen. Das Geschirr ist, von vereinzelten Ausnahmen abgesehen, grob, meist Handarbeit; und wo die Töpferscheibe angewendet ist, ist mit ihrer Hülfe doch nur die einfachste Form hergestellt. Nicht so sehr die Form, als vielmehr die Politur, die das Gefäss erhält, gibt ihm Ansehen und vielleicht den Werth; aber sehr selten ist durch das Politurverfahren ein gleichmässiger Glanz hervorgebracht worden, meist ist Strich um Strich des harten Werkzeugs zu sehen, mit welchem sie auf dem schon gebrannten Gefäss hervorgebracht ist, sodass das Ganze recht unsauber und scheckig sich anlässt.

Unter dem kleinern offenen Geschirr sind Schalen ganz besonders häufig, noch von den einfachsten Formen, ohne Fuss

nur mit abgeplattetem Boden; ihr oberer Rand ist entweder
ohne Profil (Form I, siehe Fig. 29, vgl. „Ilios", S. 455, 607,
Nr. 1127) oder er ist fingerbreit einwärts gebogen (Form II,
siehe Fig. 30); ein enger derber Henkel sitzt oft am obern Rande
an. Die Schalen sind roth, grau und braun, meist mit der Hand
gemacht und innen und aussen polirt. Oefters kehrt sowol in
dieser wie in den spätern Schichten die Besonderheit wieder,
dass man im Innern mit breiten Farbstrichen ein Kreuz aufgemalt und nach dem Brennen nur die farbigen Streifen polirt
hat, während der Grund stumpf geblieben ist (vgl. „Ilios", S. 404,
Nr. 264, 265, S. 607, No. 1128).

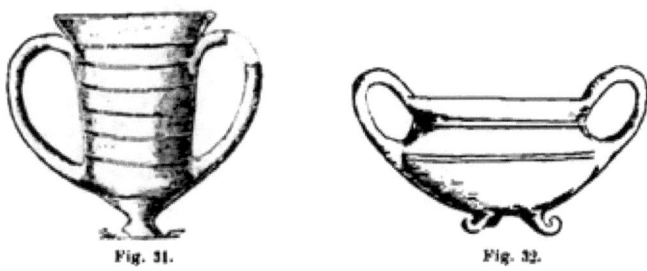

Fig. 31.   Fig. 32.

Wie diese Schalen schon der II. Stadt eigen sind, so auch
die hohen, engen Becher mit zwei weit ausladenden Henkeln,
welche Schliemann δέπα ἀμφικύπελλα nannte. Als eine Weiter-
entwickelung ihrer Form stellt sich das Fig. 31 abgebildete Gefäss dar (schwärzlicher Thon, h. 0,10). Sehr auffällig waren in
der 7. und 8. Schicht die vielen kleinen Becher; auch Schliemann bemerkte in seiner IV. Stadt ihre Häufigkeit als etwas
Besonderes („Ilios", S. 596 fg. und 601). Wir haben von diesem
„liliputischen Geschirr" in der 8. Schicht in der Ecke eines
Hauses zwischen Holzresten zusammen mit gegen 20 Wirteln,
2 thönernen Bürstengriffen (wie „Ilios", S. 462, Nr. 488, 489)
und 2 Astragalen über ein Dutzend kleiner Becher gefunden,
von denen einer Fig. 32 (h. 0,01) abgebildet ist, aus röthlich

gebranntem Thon, mit dünnem dunklen Farbüberzug, darüber polirt (vgl. „Ilios“, S. 418, Nr. 326, S. 601, Nr. 1101).

Auch die Krüge haben den gefundenen Scherben nach die von der II. Stadt her bekannten Formen bewahrt. Ihr Bauch war in der Regel kugelförmig. Von der einen Art, welche an den Seiten anstatt Henkel kleine durchbohrte Ansätze hat, durch die eine zur Befestigung des Deckels dienende Schnur gezogen war, meist Gefässe von mässiger Grösse, siehe zwei Exemplare Fig. 33 und 34. Beide sind rötblich, gegen 20 cm hoch; das nur bruchstückweis abgebildete, dessen Hals nach

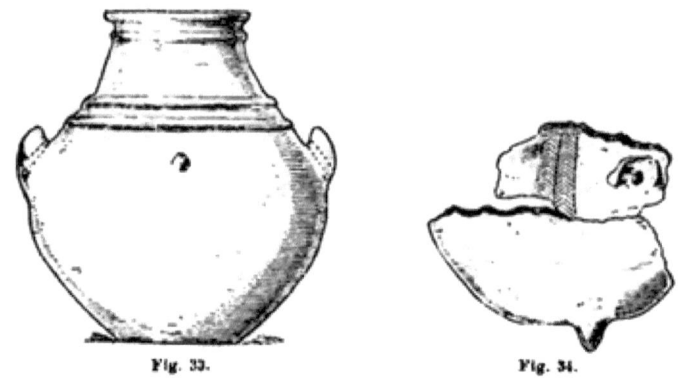

Fig. 33.   Fig. 34.

Maassgabe anderer erhaltener Fragmente entsprechend „Ilios“, S. 400, Nr. 254 zu ergänzen ist, zeigt auf der obern Hälfte des Bauches eingerissene Zickzackstreifen. Von einhenkeligen Krügen ist die Schnabelkanne mit langem Halse in Bruchstücken vertreten, zum Theil auffallend gut gearbeitet; auch von Hydrien mit kürzern Hälsen sind Ausgüsse vorhanden, deren Form sich der Dreiblattmündung schon nähert. Die Amphoren haben einen wenig ausladenden, oben wagerecht abschneidenden Hals, der vielfach durch den gesichtsförmigen Deckel überdeckt gewesen sein wird; wenigstens lässt das Vorkommen der „eulenköpfigen“ Gesichtsvasen noch in der 5. und 6. Schicht darauf schliessen, dass diese Art von Krügen, die in der II. Stadt so häufig sind, auch zu den Zeiten der 7. und 8. Schicht üblich gewesen ist, wenn auch zufällig bei unserer Grabung in diesen Schichten keine Exemplare bemerkt worden sind.

Die grossen Vorrathsgefässe sind durchweg allerrohester Form und aus gröbstem Thone gewesen.

Die Formen der Gefässe der 5. und 6. Schicht sind mehrfach fortgeschritten gegenüber den ältern.

Unter dem Trink- und Essgeschirr herrschen wiederum die Schalen vor. Aber zu den beiden Formen, welche die 7. und 8. Schicht mit der II. Stadt theilte, sind zwei entwickeltere (Form III und IV) hinzugekommen. Die Abbildungen (Fig. 35 und 36), die wir davon geben, sind nur hinsichtlich des obern Rand-

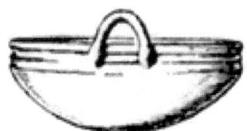

Fig. 35. Schalenform III.   Fig. 36. Schalenform IV.

profils als ganz zutreffend anzusehen, da sie in Ermangelung vollständiger Exemplare nach Bruchstücken hergestellt sind. Der obere Rand ist, gegen die Form II gehalten, höher und durch Profilirung mehr herausgehoben. Die Henkel oder der Henkel fussen auf dem Rande, in freiem Bogen senkrecht darüberstehend oder etwas nach aussen gebogen. Die Bildung des Bodens ist unsicher: entweder er war noch einfach abgeplattet wie vordem, oder die Schale erhob sich über einem eingezogenen Fuss (wie „Ilios", S. 658, Nr. 1363). Füsse, die zu den Schalen gehören könnten, sind zwei in der 5. Schicht notirt worden. Diese Schalen sind immer weit und schwer; sie sind auch in der profilirten Form nur zum Theil mit der Scheibe gemacht.

Etwas Besonderes bietet ein schwarzes Schälchen von 8 cm Durchmesser. Es hat am äussern Rande und im Innern auf

dem Boden rundherum Kiefeln. Auf der äussern Bodenfläche
(Fig. 37) ist ein Stern eingeritzt; vom untern Rande gehen
Dreiecke wie Strahlen aus, die Räume zwischen ihnen sind durch
Schraffirungen von der einen Seite her ausgefüllt.

Wie die entwickelteren Schalenformen, so sind auch den
Schalen ähnliche Becher diesen Schichten im Gegensatz zu den
ältern bereits eigenthümlich. Sie unterscheiden sich von den
Schalen durch geringern Durchmesser bei im Verhältniss grösserer
Tiefe, ferner durch ihren ausbiegenden Rand und den seitlich
freier oder enger daran ansitzenden Henkel (vgl. „Ilios", S. 663,
Nr. 1384 und S. 662, Nr. 1382). Vollständige Exemplare sind
nicht gefunden; die Scherben haben einen matten Glanz und

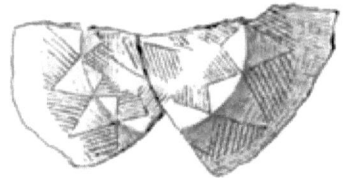

Fig. 37.

stimmen darin mit der spätern troischen Keramik (s. u.) über-
ein, zeigen auch von dem alten Politurverfahren keine Spur
mehr. Gegenüber diesen entwickelteren Formen wird hier das
Fehlen der ältern Form des schlanken zweihenkeligen Bechers
nicht zufällig sein, wenngleich freilich zu bemerken ist, dass
Schliemann in „Ilios" (S. 37, am Ende) angibt, sie kämen noch
in der VI. Stadt vor.

Von einhenkeligen Krügen haben wir nur Bruchstücke von
Schnabelkannen, auch von einer Abart der Schnabelkanne, bei
welcher der Hals wie um den Kehlkopf anzudeuten ausbiegt (vgl.
„Ilios", S. 613, Nr. 1158), und Bruchstücke von ungefähren
Dreiblattmündungen angemerkt. Zweihenkeligen Krügen gehören
die oben erwähnten Bruchstücke von Gesichtsvasen an. Daneben

finden sich Bruchstücke einer fortgeschrittenern Form, bei denen
der Hals stärker nach aussen überbiegt.

Grössere Vorrathsgefässe haben anstatt des Halses einen
kurzen aufgesetzten Rand und obenauf eingeritzte sich kreuzende
Linien, dazu an den Seiten enge und schwere Handhaben (wie
„Ilios“, S. 605, Nr. 1119).

Um vollständig zu sein, notire ich noch das Bruchstück
einer jener grossen rothen Scheiben, die in der II. Stadt so häufig
sind (vgl. „Troja“, S. 166) und vielleicht als Tische gedient haben.

4. Schicht, wahrscheinlich gleich der VI. Schicht in $AB5,6$;
doch ist zwischen jener Stelle und $C7$ noch ein beträchtliches

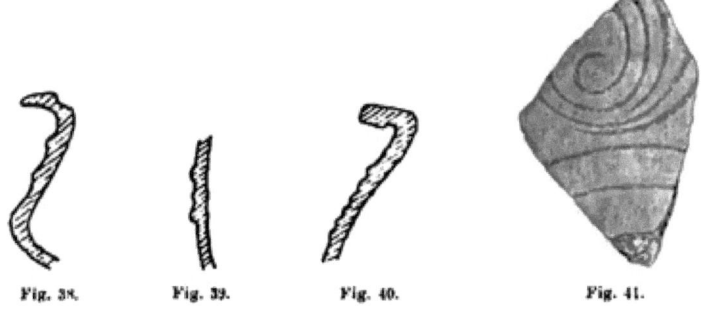

Fig. 38.   Fig. 39.   Fig. 40.   Fig. 41.

Stück unausgegraben, sodass die Verbindung nicht hergestellt
ist. In dieser Schicht zeigt sich die Entwickelung, deren Ansätze in der 5. und 6. zu bemerken waren, weiter fortgeschritten.
Das alte Politurverfahren tritt im allgemeinen zurück, wenn es
auch durchaus noch nicht verschwindet, gegenüber dem matten
Glanze, welcher gleichmässig das ganze Gefäss überzieht. Der
Farbthon der Gefässe erscheint reiner. Durch grössere Sicherheit
in der Handhabung der Scheibe wird eine saubere Profilirung
erreicht. Aber daneben erhält sich grobe mit der Hand geformte Waare.

Unter den Schalen sind die Formen II bis IV vertreten,
welche jetzt meist mit der Scheibe gemacht zu sein scheinen.

Aus der Form IV entwickelt ist das in Fig. 38 skizzirte Profil einer feinen kleinen Schale. Ebenso begegnen wir hier einer Form von Bechern, auf die schon bei den vorigen Schichten hingewiesen ist, wie „Ilios", S. 663, Nr. 1384 und S. 662, Nr. 1382. Neu in dieser Schicht sind hingegen Becher und Schalen mit Buckeln (wie „Ilios", S. 661; vgl. unten S. 103). Vereinzelt kam hier das Bodenstück eines Bechers von der mykenischen Form mit dem hohen Fuss vor (vgl. unten Fig. 54) und das Bruchstück von einem mit einer Wellenlinie gezierten Becher, der Form wie Fig. 65. Von Krügen haben wir die Bruchstücke von wagerecht geriefelten Hälsen (wie „Ilios", S. 795, Nr. 1568), ferner das Bruchstück eines profilirten Gefässbauches (Fig. 39) notirt.

Aehnlich unterscheiden sich grössere Gefässe mit weiter Mündung von den Gefässen gleicher Bestimmung aus tiefern Schichten durch ihre Profilirung; siehe den Querschnitt einer der Scherben Fig. 40. Auch eingedrückte Wellenlinien treten daran bereits auf.

Auf einer einzelnen Scherbe von tiefschwarzer Farbe ist durch Politur eine Spirallinie als Ornament hergestellt (Fig. 41). Dass man durch die Striche des polirenden Werkzeugs einfache Ornamente hervorbrachte, ist auch durch einige andere Scherben zu belegen, die anderwärts in der Höhe der VI. Schicht gefunden sind. Möglich also, dass auch diese Spirale auf mykenische Einwirkung zurückzuführen ist.

Die 4. Schicht ist schliesslich die tiefste, in der eine — um von den primitiven Farbstreifen auf troischen Schalen abzusehen — in griechischer Weise bemalte Scherbe vorkam. Das Bruchstück eines weit geöffneten bauchigen Gefässes (Fig. 42) zeigt auf stumpfem rothen Grunde einfache Ornamente in weisser Mattmalerei. Die Bildung der Tülle erinnert an die Kykladenkeramik. Der Ansatz des Henkels über ihr kehrte an einer monochromen schwarzen Scherbe wieder. Der Körper des Gefässes wird die Schalenform gehabt haben wie in Furtwängler

und Löschcke, Mykenische Vasen, Taf. I, Nr. 7; vgl. auch Taf.
XVIII, Nr. 128.

Zwischen der 3. und 2. Schicht liessen sich Unterschiede
kaum erkennen. Es fanden sich darin versprengt mehrere mykenische Scherben, in der 2. Schicht auch zwei schwarzfigurige,
wol korinthischer Herkunft. Im übrigen herrschen die entwickelten monochromen Gattungen vor, Gefässe zu allermeist
aus grauem, seltener aus braunem und rothem Thon, hübsch
mit Wellenlinien ornamentirt, auch mit plastisch aufgesetzten
Flechtbändern, reich in der Profilirung, die Henkel häufig
gedreht.

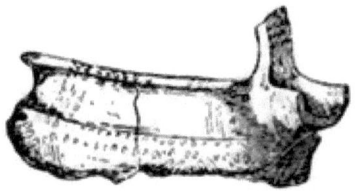

Fig. 42.

Unter den Schalen fehlen die alten Formen I und II, desto
häufiger sind die entwickeltern mit hochstehenden Henkeln.
Diese finden sich auch wagerecht zur Seite angesetzt. Die
Becher und Schalen mit den Buckeln erhalten sich neben dem
feinern Geschirr nach wie vor mit der Hand gemacht.

An einer bauchigen, hellgrauen Hydria, die unten einfach
abgeplattet ist, hat die Schulter das Ornament der Wellenlinie.
Namentlich aber sind den Bruchstücken zufolge, deren eins
(Fig. 43) abgebildet ist, die grössern, weiter geöffneten Gefässe,
Kratere, scharf profilirt und von Wellenlinien und Riefeln umzogen. Vom Untersatze zu einem dieser kesselförmigen Kratere
(vgl. zur Form „Ilios“, S. 658, Nr. 1365) wird die in Fig. 44 abgebildete Scherbe ein Fragment sein.

Etwas Besonderes bieten die Bruchstücke eines grossen Geräthes, dessen weit vorragender Rand etwa auf einem Dreifuss-

gestell auflag (Fig. 45, h. 0,25). Aus sehr grobem Thon gemacht und glanzlos gelassen, ehemals ungefähr 50 cm im Durchmesser haltend, war der Kessel mit wenigstens zwei Reihen
Buckeln verziert, die über vorher eingeritzte Linien aufgesetzt
sind.

In der obersten Schicht fanden sich die Spuren der spät-
griechischen und römischen Ansiedelung: Ziegel und späte Am-
phorenfragmente, Bruchstücke von schwarzgefirnisten Lampen
u. dgl.

Ich stelle hier ferner zusammen, was wir an dieser Stelle
sonst an Gegenständen wahrgenommen und gesammelt haben.
Thönerne Wirtel fanden sich in allen Schichten, namentlich in
den tiefern in grosser Zahl; zusammen gegen hundert. Ihre
Ornamente waren durchweg einfach linear, zumeist nach Art
von „Ilios“ Nr. 1865, sodass ich eine Entwickelung von den
ältern zu den jüngern Schichten bei ihnen nicht erkennen konnte.
Demselben Zwecke wie die Wirtel werden durchbohrte runde
Thonscheiben, Ausschnitte aus Gefässscherben, gedient haben.
Ein Steinbeil war in der 6., ein Feuersteinmesser in der 5. Schicht,
ein Knopf aus Marmor, ähnlich aber flacher als „Ilios“, S. 672,
Nr. 1409, 1410 in der dritten. Von den bekannten „Idolen“
kamen in der 8. zwei, in der 5. und 4. Schicht je ein steinernes
vor. Einfache Nadeln aus Bronze oder Kupfer (wie „Ilios“,
S. 630) sind zu mehrern je in der 5. bis 8. Schicht gefunden
worden. Ein formloser Klumpen Eisen aus der 5. Schicht verdient Hervorhebung: denn er stammt danach aus mykenischer
oder etwas älterer Zeit.

Dazu haben wir in allen Schichten eine grosse Menge von
Thierknochen, soweit wir entscheiden konnten, von Rindern
und Schafen, ferner Hirschgeweihe gefunden und für eine etwaige
künftige Untersuchung gesammelt.

Ueberblicken wir das Ergebniss aus dem so weit in die Tiefe
geführten Durchstich in C7. Es bestätigt sich, was von vorn-

herein anzunehmen, dass die untersten Schichten die engsten
Beziehungen zu der „II. Stadt" enthalten. Wir haben gesehen,
z. B. an der Schalenform, wie danach in der 6. und 5. Schicht
sich schon eine Vervollkommnung in der Keramik anbahnt.
Ein völlig anderes Aussehen aber erhalten die monochromen
Scherben seit der 4. Schicht. Die einzelnen Gefässformen haben
sich geändert. An die alte schmucklose Form der Schale setzen
sich Profile an, die Schale erhält einen Fuss, der sie emporhebt.
Es lässt sich erkennen, dass die für die II. Stadt charakteristischen Formen allmählich verschwinden, der schmale, hohe
Becher, die Gesichtsvasen, die Krüge, an denen der Deckel

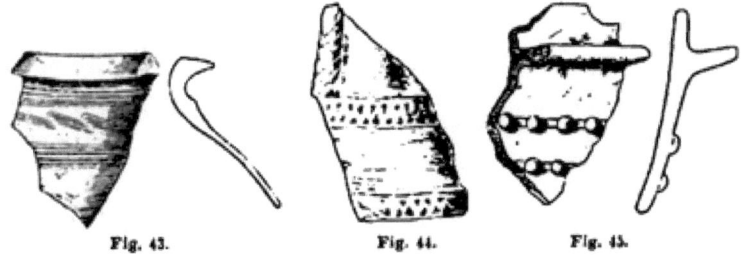

Fig. 43. Fig. 44. Fig. 45.

durch Schnüre befestigt war; auch die Schnabelkanne wird mehr
und mehr ungebräuchlich geworden sein. Der Zeitpunkt, wann
diese Umformung des Geschirrs stattgefunden hat, wird dadurch
gegeben, dass in griechischer Weise bemalte Gefässe mit den
neuern Formen zugleich auftreten. Um das aber zu belegen
und die Geräthformen der jüngern Schichten genauer zu geben,
als es das Ergebniss der Schichten in C 7 erlaubt, bedarf es
des Ausblickes auf die Funde an andern Stellen des Hügels.

Wie in C 7, so ist auch in A B 5, 6, einer Stelle, die
ebenfalls ausserhalb der Ringmauer der II. Stadt liegt, sowol
bei der letzten wie bei der vorletzten Ausgrabung beobachtet
worden, dass die tiefsten Schichten eine mit der II. Stadt über-
einstimmende, alttroische Keramik enthalten. Erst in der

7*

100

4. Schicht von oben gerechnet, das ist dort nach unserer Zählung in der VI. oder, um vorsichtig zu sein, in der V. bis VII. Schicht — denn die Grundmauern dieser Ansiedelungen liegen hart übereinander — wird der Charakter der Funde reicher und mannichfaltiger. Es lassen sich darunter verschiedene keramische Gattungen unterscheiden.

Um die am sichersten abzugrenzende voranzustellen, so beginne ich mit den „mykenischen" Vasenscherben. Zählt man alle Scherben, welche durch ihr gemaltes Ornament und durch ihren feinen Thon sich als „mykenisch" erweisen, zusammen, so mögen ihrer 1890 und 1893 im ganzen wenig mehr als 200 bis 300 gefunden sein. Bei weitem die Mehrzahl der in Troja be-

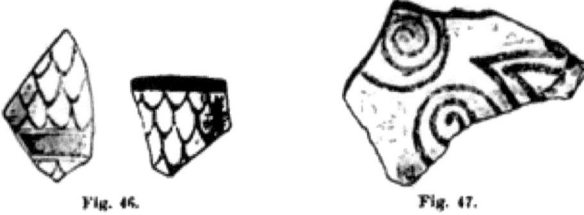

Fig. 46. Fig. 47.

nutzten Gefässe war jederzeit monochrom. Von den mykenischen Scherben ist ein besonders grosser Theil gerade in der Schicht um das Megaron VI A herum bemerkt worden. Doch kamen sie auch in den höhern Schichten vor; aber da fanden sich daneben schwarzfigurige Scherben, sodass jene offenbar in die höhern Schichten nur hinein versprengt sind. Ausser dem Umstande, dass die überwiegende Zahl mykenischer Scherben gerade in den Fundamenten der Gebäude der VI. Schicht lag, spricht die Beobachtung eines einzelnen Falles besonders dafür, eben dieser Schicht die Benutzung mykenischer Gefässe zuzuschreiben. Das Megaron VI A ist der Länge nach überbaut worden durch eine Mauer der VII. Schicht, welche noch heute über 2 m hoch aufrecht steht (vgl. Fig. 2 und 19). Dicht bei dieser, in ihrer

Fundamenthöhe und zu ihren beiden Seiten, sind die Bruchstücke von einem und demselben mykenischen Becher gefunden.
Danach muss der Becher schon vor der Erbauung dieser Mauer
der VII. Schicht zerbrochen gewesen sein, gehört also der VI.
an. Es war ein Becher aus feinem gelben Thon, in dunkel-
brauner Firnisfarbe mit Schuppenornament bemalt (Fig. 46).
Zu den von Schliemann im Bericht über die Ausgrabungen
1890 auf Taf. I und II, Nr. 4—16, abgebildeten mykenischen
Scherben fügen wir als Proben noch einige wenige hinzu (Fig.
47—49). Die von Schliemann abgebildete Bügelkanne war ebenso
wie das „Idol" (Taf. I, 3), das eine Schwangere darstellen kann —

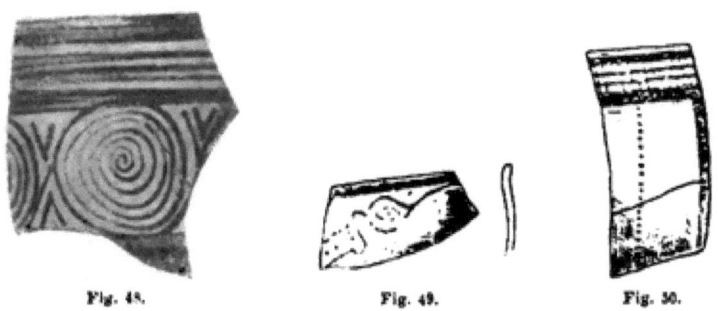

Fig. 48.   Fig. 49.   Fig. 50.

der Typus scheint in Mykenae noch nicht bemerkt zu sein —
bei dem Megaron VI A gefunden worden. Die Scherbe (Fig. 42)
war noch ein Beispiel von Mattmalerei; die hier abgebildeten
haben das Aussehen des sog. III. und IV. Stils. Den Formen nach
sind Becher mit hohem Fuss, Büchsen (vgl. S. 113), Bügelkannen
und Hydrien vertreten. Von andern Denkmälern, die mit myke-
nischem Geschirr zusammen aufzutreten pflegen, ist aus diesen
Ausgrabungen das Bruchstück einer Wanne zu erwähnen, an
deren Aussenseite eine Wellenlinie roth aufgemalt war. 1890
ist auch ein geringfügiges Bruchstück einer Alabastervase und
eine Scherbe von einer Schale aus sogenanntem ägyptischen
Porzellan gefunden; ihre Aussenseite war grün glasirt, innen

waren tintenfarbig lineare Ornamente, Streifen und eine Wellenlinie dazwischen, aufgemalt. Von andern Gattungen bemalter Gefässe ist mir aus der
„mykenischen" Fundschicht nur eine kyprische Scherbe bekannt
geworden. Diese lag innerhalb des Megaron VI *A*, dicht am
Fundament der erwähnten Quermauer der VII. Schicht. Es ist
das Bruchstück einer halbkugelförmigen Schale von bekannter
Form, an der die Ornamentbänder gegen den Boden hin zu
verlaufen pflegen (Fig. 50). Nach Dümmler's Untersuchungen
(Ath. Mitth. XI, 233) gehörten diese Vasen auf Kypros dem
phönizischen Importe an. Mit mykenischen Vasen zusammen
ist eine kyprische Schale dieser Art auch in Thera gefunden
(Furtwängler-Löscheke, Taf. XII, Nr. 80, S. 22). Ein Gefäss
derselben Gattung, von Troja her, befindet sich aus frühern Ausgrabungen bereits in der Schliemann-Sammlung (Nr. 8125).

Neben diesen eingeführten Gefässen besteht die einheimische
Keramik. In ihr lassen sich drei Gruppen und Epochen scheiden, die in der VI. Schicht vertreten sind.

Die erste bewahrt noch deutlich die von der II. Stadt her
bekannte alttroische Technik, den Glanz am Gefässe durch
Politur herzustellen. Bei ihr wird auch noch die alte Weise
des Brennens geübt, durch welche das Gefäss nicht rundherum
gleichmässig der Hitze ausgesetzt war, sodass seine verschiedenen
Seiten heller oder dunkler geriethen, je nachdem sie die Hitze
traf. Schalen und flache Teller, kugelförmige Hydrien, vielleicht
auch, wenigstens nach Schliemann's Angabe, der hohe schmale
Becher mit weit ausgreifenden Henkeln finden sich noch in dieser
Höhe in den alten Formen. Es schien uns in *A B* 5, 6, als käme
bis in die VI. Schicht hinein recht häufig die primitive Bemalung
vor, von der oben zuerst bei der 8. Schicht von *C* 7 die Rede
gewesen ist, am häufigsten wie dort an Schalen der zweiten
Form breit aufgemalte Streifen, welche, an sich matt, nach der
Bemalung polirt worden sind. Diese Art von Bemalung hat

sich aber nicht auf Schalen beschränkt. Eine kugelförmige,
kurzhalsige Hydria, ebenso mit breiten Streifen bemalt, ist früher
in der Tiefe des Megaron VI *A* gefunden und befindet sich
jetzt in Berlin. So ist auch die Bemalung der runden Flasche
„Troja", S. 242 fg., in derselben Weise hergestellt. Leider können
wir aus diesen Schichten wie überhaupt, so im besondern zur
Darstellung dieser alttroischen Keramik vollständige Gefässe
nicht aufweisen. Doch liesse sich nach den gefundenen Scherben
wol annehmen, dass Gesichtsvasen von so abgerundeten und
abgeschliffenen Formen, wie die von Schliemann seiner 5. Stadt
zugetheilten und „Ilios" S. 641 abgebildeten noch aus der
mykenischen Schicht herrühren könnten.

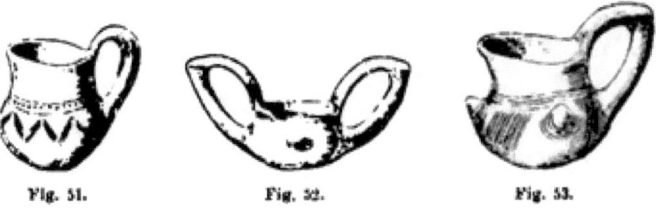

Fig. 51.   Fig. 52.   Fig. 53.

Eine letzte Schöpfung der alttroischen Keramik scheinen
die Gefässe zu sein, an denen grosse Buckel als Ornamente
auftreten. Zur Probe bilden wir ein paar zusammengehörende
Gefässe Fig. 51—53 (h. 0,10 und 0,09 und 0,13) ab, welche aus
den Ausgrabungen von 1890 stammen. Von dieser Art sind
Becher und Schalen sehr häufig (vgl. „Ilios", Nr. 1368—1381),
doch gibt es auch grössere Hydrien und Töpfe (wie „Ilios",
S. 659 fg., Nr. 1369 und 1373), welche in besonders ausgeprägter
Form das bezeichnende Ornament der Buckel tragen. Die Gefässformen sind aus alttroischen entwickelt (vgl. Nr. 1373 mit
Nr. 404, 405 und die Becher wie oben mit Nr. 398—400,
1095—1100). Die Buckel werden zunächst einen praktischen
Zweck gehabt haben, vielleicht sind sie entstanden aus den
durchbohrten Ansätzen wie oben S. 92, die grössern hornartigen

Ansätze an den schwerern Gefässen sind wol aus den Handhaben der Gesichtsvasen entwickelt. Bei diesem Zusammenhange
mit ältern troischen Formen liegt kein Grund vor, die entwickeltern einem andern Volkstamme zuzuschreiben. Es ist lehrreich,
sich inne zu werden, wie viel bestimmter die einzelnen Theile
des Gefässes mit der Zeit geworden. Das sieht man an den
Buckeln und an den eingedrückten Linien, welche regelmässig
die Stelle der grössten Schwellung des Gefässes verzieren, besonders aber an der ausgesprochenen Form der Henkel. Während die ältere Keramik, soviel wir sehen, über die einfachen,
im Querschnitt runden Henkel kaum hinwegkommt, ist der
Henkel hier zweitheilig; an den untern runden Theil, der vom

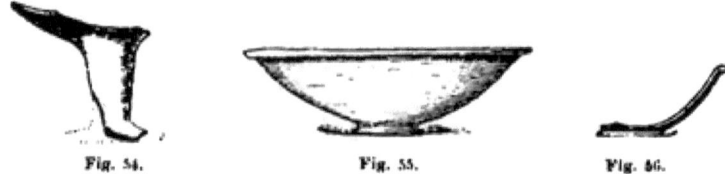

Fig. 54. Fig. 55. Fig. 56.

Gefässbauch ausgehend weit ausladet und häufig wie ein gedrehter Strick gebildet ist, ist der obere zum Gefässrand zurück-
kehrende Theil in scharfem Knick angesetzt und zu bequemer
Handhabung plattgedrückt. Aber bei allen Fortschritten in der
Form ist an diesen Vasen die alttroische Technik durchweg ge-
wahrt: sie sind mit der Hand gemacht, aus einem sehr groben
Thon, daher recht schwer, sind ungleichmässig gebrannt und
polirt; alle diese primitiven technischen Eigenheiten unterscheiden
sie von denen, welche Schliemann ausserdem noch seiner VI. Stadt
zuschreibt und im Buche „Ilios" insgesammt lydisch nennt, und
verbinden sie vielmehr mit den alttroischen. Richtig aber an
Schliemann's Zutheilung ist, dass sie seit der VI. Schicht, d. i.
wie wir jetzt wissen, etwa seit der mykenischen Zeit vorkommen.
Das ergab sich sowol aus dem Befunde in $A B$ 5, 6 wie aus
C 7, wo sie erst in der 4. Schicht auftraten.

Neben der alttroischen Gattung und vielleicht zahlreicher
als diese tritt mit der VI. Schicht eine zweite viel feinere
Gattung auf, welche ich die entwickelte troische nennen
möchte. Schliemann sagt von seiner fünften Stadt („Ilios“,
S. 640): „Wir finden hier auch eine grosse Menge glatter, auf
der Scheibe gedrehter Töpferwaare, welche, wenn man sie mit
der vorhergehenden Stadt vergleicht, ganz modern aussieht.“
Er muss damit eine Art Gefässe meinen, die, aus viel reinerem
Thon dünnwandiger, zierlicher gearbeitet, schärfer und ganz
gleichmässig gebrannt sind. Eine rechte Vorstellung ihrer Besonderheit würde sich nur mit Hülfe farbiger Abbildungen geben
lassen. Ihr Farbenton ist ein sehr viel bestimmterer als der an

Fig. 57.　　　　　Fig. 58.

der ältern Keramik, wo durch Ungleichheiten des Brennverfah-
rens und durch Politur die Oberfläche meist scheckig und ungleichmässig wird. Es ist, als sei man sich des erfreulichen
Eindrucks einer lichten, reinen Farbe erst damals bewusst geworden. Das einzelne Gefäss ist zwar monochrom, aber die
Keramik als ganze gefällt sich darin, vielerlei Farben zu gebrauchen, ein Zug zur Buntheit, der allgemein erst mit dem
Eintreten der geometrischen Periode abgekommen zu sein scheint:
wenigstens benutzen auch die mykenischen Töpfer noch grauen,
rothen und gelben Thon, während seit den Zeiten des Dipylon-
stils die Töpfer eines Fabrikationsortes sich auf eine bestimmte
Färbung des Thones zu beschränken pflegen. An andern troischen Scherben zeigt sich eine Vorliebe für blasse Farben, so
für hellgrau, ein gedämpftes Rosa, dann gelb, orange, hellbraun,

auch ein kräftiges Roth und dunkelgrau. Der Farbüberzug, der
das Gefäss überdeckt, entspricht in der Farbe dem Thon, aus
welchem das Gefäss besteht. Man wird es also nach der For-
mung mit einer Schlemme aus demselben Thon überzogen haben,
dem noch Ingredienzen hinzugesetzt waren, welche beim Brennen
den gleichmässigen Glanz, in dem das Gefäss erscheint, erzeugten.
Dadurch wurde die alte Politur mehr und mehr überflüssig,
wenn sie auch nicht ganz abkam. Die neue Technik scheint
mir im Grunde keine andere als die, welche die „mykenischen"
Töpfer geübt haben, nur dass sie auf das monochrome Gefäss
noch ihre Muster aufmalten. Ja es kann der Gedanke aufkommen, ob nicht diese nach unserer Auffassung dem Muster

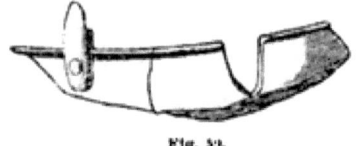

Fig. 53.

der mykenischen nachgebildeten troischen Vasen zum Theil vielmehr unbemalt gelassene mykenische Waare selbst sind. Aber
im allgemeinen sprechen dagegen eine gewisse Schwere und gewisse Farbennuancen des Thones, die wol in ältern und jüngern
Schichten in Troja, nicht aber in Mykenae vorzukommen scheinen,
und ferner bestimmte Gefässformen, die Mykenae fremd, aber
in Troja heimisch waren. Deutliche mykenisirende Nach-
ahmungen sind Becher mit hohem Fuss, welche in Troja sehr
häufig sind (Fig. 54). Auch eine Hydria wie die zu dieser
Gattung zu ziehende „Ilios" Nr. 1311 erinnert gewiss an My-
kenisches. Aber meines Wissens nicht in Mykenae vertreten,
wol aber in einfacherer Form aus ältern troischen Schichten
bekannt, sind Schüsseln wie die in Fig. 55 (h. 0,10) und 56 abgebildeten, und Schalen wie Fig. 57. Die Einkehlung am obern

Rande ist wie an der Schale auch an verwandten Bechern, von
denen wir jedoch nur Bruchstücke gesehen haben, typisch; sie
kehrt ja auch wieder an den zweifellos einheimischen Buckel-
bechern, von denen oben die Rede gewesen ist. Eine andere
Form der Schale gibt Abbildung Fig. 58 wieder, soweit sich das
feine, sehr dünn gearbeitete Gefäss zusammensetzen liess, annähernd eine Halbkugel, darin an die kyprische Schalenform
oben S. 102 erinnernd. An den Bruchstücken einer feinen Schale
von dunkelgrauer Farbe, welche innerhalb des Gebäudes VI C
gefunden sind, führt die Nachbildung eines Nagels, der den

Fig. 60.   Fig. 61.   Fig. 62.

Henkel am Rande befestigt, darauf, dass diese Keramik von den
Formen metallener Geräthe abhängig war (Fig. 59). Was wir
sonst von einigermassen vollständigen Gefässen dieser Gattung
zur Anschauung bringen können, beschränkt sich auf ein paar
sauber gearbeitete Kännchen Fig. 60 und 61 (h. 0,10) und eine
spitz zugehende Kanne Fig. 62 (h. 0,21), ferner auf die Form
der Amphora, deren eine sich als Leichenurne fand (siehe S. 123).
Auch die kreisrunde flache Flasche, die sowol in der ältern
troischen Keramik, wie in der mykenischen vertreten ist und
die noch heute, aus Holz hergestellt, im Süden der Bauer mit
aufs Feld nimmt, fand sich mehrfach in Bruchstücken vor aus
dem fein verarbeiteten Thon der mykenischen Vasen. Aus den
Scherben geht schliesslich als eine Besonderheit dieser Gattung

hervor, dass bei ihr in Profilirungen grosser Reichthum und
Schärfe erstrebt worden ist. Als Beleg hierfür wird der Fuss
eines grossen Gefässes (Fig. 63) abgebildet, der sich an einer
intakten Stelle der VI. Schicht fand (vgl. auch dazu die Scherbe
aus *C* 7, 4, Fig. 38 und „Ilios“, S. 795, Nr. 1568). Eine Zusammenstellung von Profilen von Bechern und Schalen, die ich
mir 1890 anfertigte, wird dasselbe lehren, wenn auch ein und
das andere Bruchstück darunter etwas jüngerer Zeit angehören
sollte.

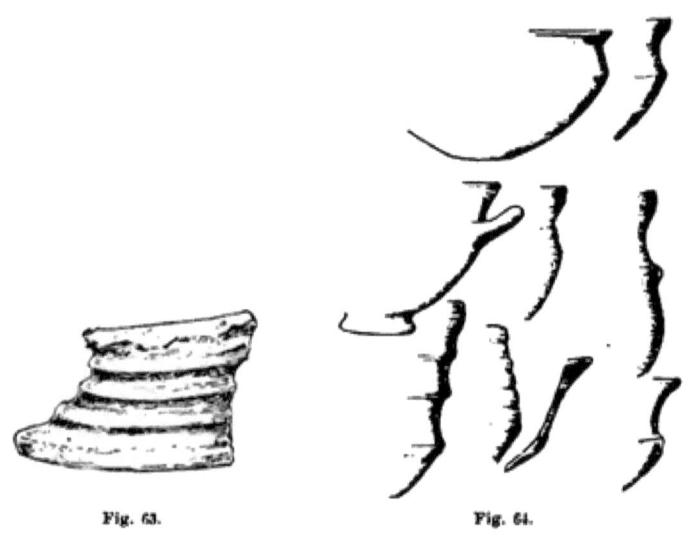

Fig. 63.   Fig. 64.

An den entwickelten troischen Vasen ist allem Anschein
nach das Ornament im wesentlichen auf die Riefelungen der
Fläche des Gefässes und auf die Knöpfe an den Henkeln wie
oben Fig. 59 beschränkt. Im Gegensatz dazu steht die keramische Gattung, deren Gefässe von geometrischem Ornament
umzogen sind, die wir deshalb als monochrome geometrische
Gattung bezeichnen. Das Ornament ist einfachster Art und wird
mit der Arbeit auf der Scheibe hervorgebracht. Denn die
Wellenlinie, das weitaus häufigste Muster, entsteht durch die

Handfertigkeit des Töpfers mit geringer Mühe während der
Drehung des Topfes auf der Scheibe, indem er ein drei- bis
fünfzinkiges Kämmchen, das er leise in den Thon drückt, auf-
und abwärts bewegt. Auch heute bringen die Töpfer von
Tschanak Kalessi, der Dardanellenstadt, auf ihren Wasserkrügen
dasselbe Ornament an.

Was den Ueberzug angeht, der dem Gefässe den Glanz
gibt, so ist er an den geometrischen Gefässen derselben Art
wie an den mykenisirenden. Man erkennt, wie stellenweise noch
über den glänzenden Ueberzug weg mit den alten Glättsteinen

Fig. 65.   Fig. 66.

oder womit man sonst an den alttroischen Gefässen den Glanz
hervorgerufen hatte, überpolirt worden ist. Bezüglich der Farbe
schien mir, als nehme die graue an den geometrischen immer
ausschliesslicher überhand. Zwar finden sich auch noch Scherben
mit Wellenlinien von gelbem und rothem Thon, aber das Regelmässige ist der graue in allen Nuancen von hellgrau bis zu
schwarzgrau.

Leider kennen wir bisher von den Gefässformen dieser Gattung nur zu wenig. Schliemann hatte aus den zahllosen Scherben, an denen sich das Wellenornament findet, nur zwei Gefässe
zusammensetzen lassen, den Krater ("Ilios", S. 658, Nr. 1365)
und die einhenkelige Kanne Nr. 1366. Wir können dazu die

Skizze eines in dieser Form häufigen Bechers (Fig. 65) und den Untersatz (Fig. 67), welcher zu einem Gefäss wie „Ilios" Nr. 1365 gehört haben wird, hinzufügen.

Fig. 67.

Aber an einzelnen Scherben lässt sich einiges mehr von der Entwickelung dieser geometrischen Keramik erkennen.

Die Scherbe Fig. 66 muss einem Gefässe wie oben Fig. 33 angehört haben. Sie ist mir das jüngste Beispiel für die durchbohrten Ansätze, welche dienten, um mittels einer durchgezogenen Schnur den Deckel anzuknüpfen, und die sich in der mykenischen

Keramik schon nicht mehr zu finden scheinen. Hier zeigt sich also noch eine alttroische Form bewahrt.

Indessen deutlicher als die Beziehungen zu der ältern Keramik sind die Einwirkungen des geometrischen Stils. Das lässt sich namentlich an dem Untersatz in Fig. 67 erkennen, der in früherer Zeit ausgegraben sein muss, aber erst jetzt im Berliner Museum aus Scherben zusammengesetzt worden ist. Er ist

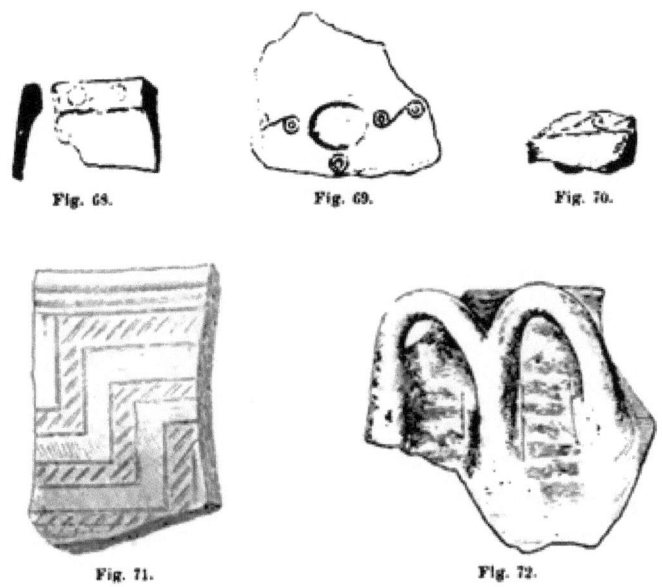

Fig. 68. Fig. 69. Fig. 70.

Fig. 71. Fig. 72.

0,25 hoch und besteht aus dunkelgrauem Thon; über seinen an sich glänzenden Ueberzug ist an einigen Stellen noch mit dem Polirstein ziemlich grob überpolirt. Nicht ganz die Hälfte seines Kreises ist erhalten. So einfach die Ornamente auch sind, so entsteht doch durch die vielfache Verwendung des Wellenbandes. durch die verschiedene Füllung der Zwischenräume je zweier Wellenbänder bald mit Riefeln, bald mit Zickzacklinien und durch das scharfgezogene Profil des Ganzen der Eindruck eines sehr reich geschmückten, in seinen Verhältnissen wohl abgewogenen Geräthes. In mannichfacher Beziehung drängt sich der Vergleich mit der Dipylonwaare auf: der rein geometrische Charakter der Ornamente, in der Gedrängtheit, mit der diese auftreten, ein entschiedener *horror vacui*, die fensterartigen Ausschnitte, schliesslich die ganze Form des Untersatzes finden sich geradeso unter den Dipylonvasen. Auf Seiten der troischen Keramik ist für solche Untersätze auf die „Zeitschrift für Ethnologie", 1893, Verhandlungen S. 138, und auf das Fragment aus *C* 7 (3) oben Fig. 44 hinzuweisen.

Dass diese Keramik zu den geometrischen Systemen, die wir seit dem Ende der mykenischen Cultur im Mittelmeergebiet herrschend finden, in naher Beziehung stand, ergeben auch die in Fig. 68—72 abgebildeten Scherben. An zweien derselben sieht man die Tangentenspirale, an einer den aus jenem Ornament hervorgegangenen laufenden Hund, an einer andern ein Mäandersystem, und an dem grossen Henkelstück erinnert die Form des Doppelhenkels lebhaft an Henkelformen der Dipylonvasen.

Es würde von Wichtigkeit sein festzustellen, ob einige dieser geometrisch monochromen Gefässe schon den mykenischen und entwickelten troischen gleichzeitig sind. Zu einer bestimmten Antwort auf diese Frage reichen die bisherigen Beobachtungen und Funde nicht aus. Jedenfalls sind Scherben dieser Art häufiger etwas über der Höhe der VI. Schicht, in der VII., gefunden worden. Indessen kann auch von einzelnen nicht geleugnet werden, dass sie mit mykenischen zusammen vorkamen, wie z. B. der in der „Zeitschrift für Ethnologie" abgebildete Untersatz neben einer mykenischen Bügelkanne gestanden hat. Andererseits aber fiel mir das Fehlen der geometrischen Scherben neben dem Vorkommen der entwickelten troischen an einer Stelle auf, wo die besondern Verhältnisse ein Eindringen späterer Reste ausgeschlossen zu haben scheinen.

In *D* 7 bis *C* 8 war dicht neben dem Schliemann'schen Süd-
graben in Tiefe der VI. bis VII. Schicht eine merkwürdig wohlerhaltene Anlage stehen geblieben (vgl. oben S. 30). Eine plötzlich hereingebrochene Katastrophe, deren Trümmer von spätern
Ansiedlern nicht fortgeräumt worden sind, muss es veranlasst
haben, dass in dem einen Raume des Gebäudes die Einzelheiten
der innern Einrichtung noch sich erkennen liessen. Vor einer
1—2 m hohen Steinmauer standen hier 6 sehr grosse Pithoi,
wenigstens in ihrer untern Hälfte noch ungebrochen; ihre Durchmesser maassen von 0,85 bis 1,35. Von ihnen war einer, indem
man den grössern obern Theil regelrecht gekappt und nur den
concaven Boden gelassen hatte, zu einer grossen Schüssel her-
gerichtet worden, in welcher sich viel Getreidekörner fanden.
An den Raum mit den Pithoi stiess ein kleineres Gemach an, in
welchem vor der Wand eine breite Thonröhre noch aufrecht
stand, 0,90 hoch und 0,40 im Durchmesser: unten war sie mit
Thonerde verstrichen, oben war sie offen; ihre Bestimmung
blieb unklar. Dicht neben ihr auf der einen Seite war in dem
Estrich des Fussbodens ein Pithos so weit eingelassen, dass seine
Oeffnung gerade in Höhe des Fussbodens war. Daneben lagen
auf dem Fussboden und in ihn hineingetreten ein paar Mahl-
steine und Scherben von grossen Pithoi, und um die Röhre herum
standen, offenbar an der Stelle ihres ehemaligen Gebrauches, ein
paar Schalen allereinfachster Art aus kaum gebranntem Thon, der
alsbald zerbröckelte, für die gröbste Verwendung mit der Hand
gemacht. Daneben stand aber auch auf dem Fussboden eine
mykenische Büchse (Form wie Furtwängler-Löschcke, Mykenische Vasen, Taf. IX, Nr. 55), oben schon etwas beschädigt; es
lag die Vermuthung nahe, dass das feine Gefäss erst nachdem
es unansehnlich geworden, in diesen Wirthschaftsraum gerathen
war. In der Röhre selbst fanden sich im Schutte einige wenige
Getreidekörner. Zahlreicher waren diese in verkohltem Zustande
auf der andern Seite der Röhre am Boden, wo auch eine Rinne

im Boden des Zimmers bemerkbar war. Die Steinwand des Gemaches hatte stark durch Feuer gelitten. Der Pithos auf der einen Seite der Röhre, die Getreidekörner auf der andern und das Magazin der wenigstens 6 Pithoi, welches sich an den kleinern Raum anschliesst, legen es nahe, diesen Raum für einen Wirthschaftsraum, vielleicht für eine Art Küche zu halten. Nicht damit im Einklang waren freilich an 50 grosse Webegewichte, die Reste eines Webstuhls, die in der Ecke um den Pithos herum und über diesen weg lagen; sie mussten wol von oben, vielleicht beim Einsturz eines Obergeschosses, hierher gerathen sein. In der ganzen wohlerhaltenen Anlage sind nun sehr viel Reste namentlich von Schüsseln und Schalen zwischen den Getreideresten und auf dem Grunde der Pithoi, wo sich die Scherben offenbar mit einer gewissen Regelmässigkeit ansammelten, gefunden worden, Bruchstücke der entwickelten monochromen Gattung, auch ausser der mykenischen Büchse zwei bemalte mykenische Scherben, aber kein Bruchstück mit dem Ornament der Wellenlinie.

Der dargelegte Sachverhalt führt darauf, dass die monochromen geometrischen Vasen erst am Ende der mykenischen Periode aufgekommen sind. Es ist ein Ergebniss von allgemeinerm Interesse, dass etwa um das Jahr 1000 herum auch hier in der Troas ein Zug zu reicherer linearer Decoration durchbricht und zwar, dass es auch hier das so weit verbreitete Ornamentsystem der Tangentenspiralen ist, welches eingewirkt hat. Zickzacklinien und ähnlich einfache lineare Ornamente zeigen sich ja an den Geräthen aus allen troischen Schichten beliebt, die Wirtel, die damit verziert sind, finden sich in jeder Tiefe. Aber an den Gefässen treten sie früher regellos und wie von der Laune des Einzelnen eingegeben auf; zu einem festen geometrischen System ausgebildet und erhoben sind sie erst an den von uns als geometrisch bezeichneten Vasen.

Das Gesagte wird zeigen, wie sich bisher erst in allgemeinen

Grundzügen aus der Scherbenmenge, die zwischen den Häusern
von Hissarlik liegen geblieben ist, eine Entwickelung der Keramik durch die Jahrhunderte der Besiedelung hindurch ergibt.
Wir können bisher wol einen Eindruck der technischen Ver-
schiedenheiten der einzelnen sich nacheinander ablösenden Gattungen gewinnen, auch vielleicht bereits eine Ahnung von den
die Entwickelung bestimmenden Faktoren und der für sie
vorbildlichen Muster empfangen. Aber es wird vor allem noch
der genauern Sammlung der in den einzelnen Gattungen ge-
bräuchlichen Formen bedürfen, um einen deutlichern Einblick
in das Maass der Abhängigkeit der einen Gattung von der an-

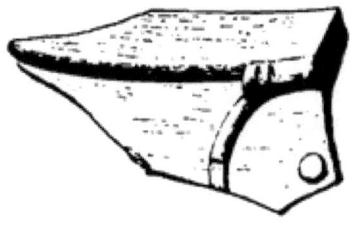

Fig. 73.

dern zu erhalten. Erst wenn sich dann durch Vergleichung
von Aelterem und Jüngerem zeigt, wo in der Entwickelung der
tiefste Schnitt zu erkennen ist, wird auch das Problem seine
Lösung finden können, wieviel davon den Troern, wieviel den
äolischen Colonisten zuzuschreiben ist.

Dass diese den grauen Thon der geometrischen Vasen ver-
arbeitet haben, ist schon heute sicher. Beweis dafür sind
namentlich Gefässe aus Neandria und Sigeion, welche sich im
Besitze des Herrn Frank Calvert befinden: sie bilden Formen
nach, die uns von den rhodischen Vasen her geläufig sind; an
einem dieser Gefässe, das nach den Terracottafunden desselben
Gräberfeldes, aus dem es stammt, dem VII. bis VI. Jahrhundert
angehört, kehrt auch die Wellenlinie in besonders zierlichen

8*

Verhältnissen wieder. Einzelne Bruchstücke dieser zweifellos griechischen Waare sind auch in den höhern Schichten von Hissarlik gefunden. Derart ist die in Fig. 73 abgebildete Scherbe von einem kesselförmigen Deinos (vgl. das Profil der rhodischen Scherbe Fig. 76). Sie stammt aus den Funden von 1890. Ihr oberer wagerechter Rand ist stumpf gelassen und roth bemalt. Dem Fragmente eigenthümlich ist, dass ein Bronzering mit seinem Scharnier daran nachgebildet ist. Ein ganz ähnliches

Fig. 74.

Motiv zeigt sich auf einer grauen Scherbe aus Naukratis; überdies trugen Gefässe dieser Art in Naukratis Weihinschriften von Mytilenäern, sodass schon Herr E. Gardner ihre Herkunft aus der Aeolis vermuthen konnte (Naukratis I, Taf. 4, 7; II, S. 47, 65, *Journal of Hellen. Studies*, 1889, S. 128).

Von den bemalten griechischen Vasen, welche sich in den höhern Schichten finden, stelle ich einige charakteristische Proben hier zusammen.

Wie auf der Akropolis von Athen, so folgen auch in Ilion auf die mykenischen Vasen Gefässe mit einfachen geometrischen

Mustern bemalt, an denen „viel mit Lineal und Zirkel gearbeitet ist" (B. Graef, Arch. Anz. 1893, S. 17). Eine Amphora dieser Art, die in der 2. Schicht von oben lag, siehe Fig. 74. Sie ist

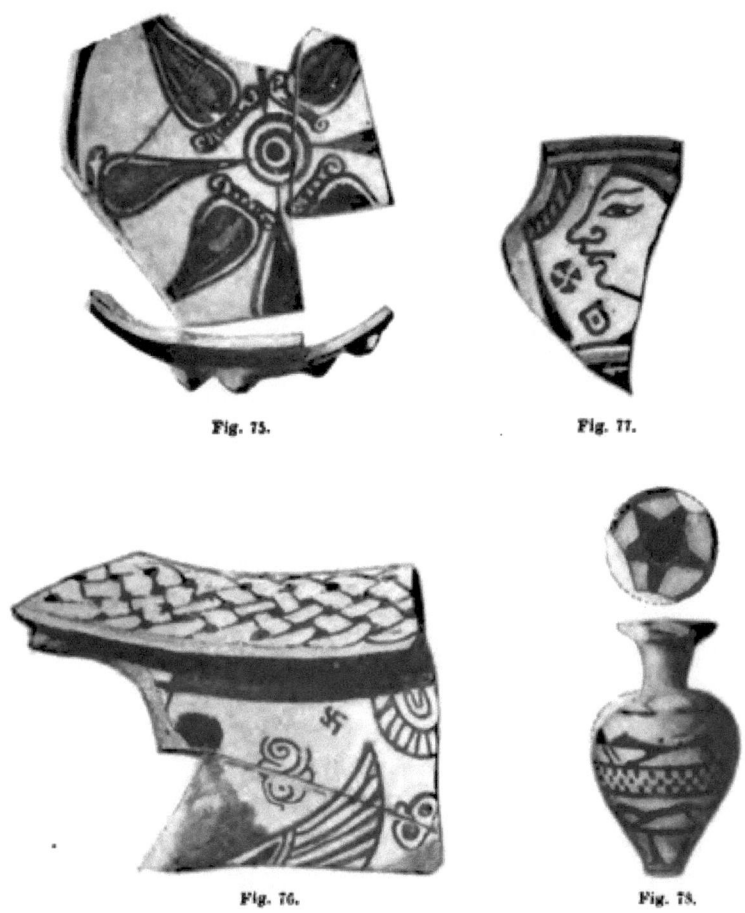

Fig. 75.　　　　　　Fig. 77.

Fig. 76.　　　　　　Fig. 78.

soweit erhalten 0,30 hoch, aus schmutziggelbem Thon, flüchtig bemalt. Inmitten der Kreise ist der Punkt sichtbar, wo der Zirkel eingesetzt worden ist. Auch einige wenige attische Scherben aus der Werkstatt der Dipylonvasen sind bemerkt worden; die im Bericht 1890 auf Taf. II, 17 abgebildete wird bereits dem sogenannten frühattischen Stile angehören.

Auffällig zahlreich sind die Vasen, welche man seit Salz-mann's Ausgrabungen mit Rhodos in Verbindung gebracht hat. Vom Alphabet ausgehend, das sich auf ihnen findet, hat sie Dümmler für Argos in Anspruch genommen ("Archäologisches Jahrbuch", 1891, S. 263). Doch haben die bisherigen Aus-

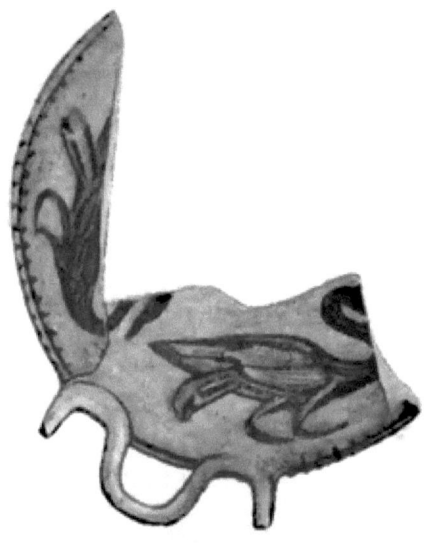

Fig. 79.

grabungen in der Argolis für seine Hypothese, soviel mir be-kannt, keine Stütze geliefert, und gerade ihr Vorkommen in Ilion spricht für die Herkunft aus Rhodos, da Rhodier in dem nahen Aianteion sassen (Plin. V, 125; vgl. Strabo XIII, 601; Ed. Meyer, Geschichte des Alterthums, II, S. 464). Fig. 75—77 gehören der rhodischen Keramik an. Bei dem flachen Teller Nr. 75 (h. 0,12) ist an seinen eigenthümlichen Blattornamenten besonders bemerkenswerth, dass das aufgetragene Roth zum Theil mit in die schwarzbraune Firnisfarbe eingebrannt ist, zum

Theil erst später aufgetragen und dann stumpf geblieben ist, ein Verfahren, welches mir sonst nicht bekannt ist. Das Fragment mit der Sphinx (Fig. 76; br. 0,10) gehört zu einem Deinos, von dem ausserdem zusammenhanglose Scherben mit der Darstellung von Steinböcken erhalten sind. Das hübsche Schalenfragment mit dem weiblichen Kopf (Fig. 77; h. 0,065) erinnert an eine in Myrina gefundene etwas ältere Vase („Nécropole de Myrina", Taf. LI).

Das protokorinthische Kännchen Fig. 78 (h. 0,06) ist in der dritten Schicht von oben gefunden.

Fig. 80.   Fig. 81.

Fig. 79 ist das Bruchstück einer Schale (Durchmesser 0,15) aus rothem Thon, auf der flott mit breitem Pinsel Schwäne aufgemalt sind. Schalen dieser Art werden sehr häufig sowol in Ilion wie in den umliegenden Ruinenstätten gefunden, wie Herrn Calvert's Sammlungen ausweisen (vgl. auch „Catalogue of the Greek vases in the British Museum", II, 1893, Nr. 83—89).

Fig. 80 und 81 gehören einer Keramik an, welche einen schönen rothen Thon und eine sehr gute schwarze Firnisfarbe verwendet. Fig. 80 entbehrt der Ritzlinien, welche Fig. 81 zeigt. Auf die schwarze Firnisfarbe ist stumpfes Roth aufgesetzt. Ich kenne die Fabrik nicht, von der diese Scherben her sein könnten.

Ausser den genannten Gattungen findet sich noch korin-
thische und schwarzfigurige attische Waare des öftern, während
Rothfiguriges sehr selten bemerkt worden ist. Dies stimmt
zu den Erwähnungen von Ilion, wonach es im V. und IV. Jahrhundert vor dem hellenistischen Aufschwung der Stadt eine
recht dürftige Niederlassung gewesen zu sein scheint.

V. Troische Gräber.

Von Alfred Brueckner.

Je deutlicher auf der Höhe von Hissarlik sich die Reste
eines Herrschersitzes der mykenischen Periode entwickelten,
desto lebhafter musste die Anregung werden, nach Gräbern,
welche derselben Zeit angehören könnten, auszuschauen. Im
Alterthum galten wie die Stätte des Hieron der Athena für
die Pergamos des Priamos, so die Tumuli rings um Ilion herum
für die Grabmäler der homerischen Heroen, und wie wir nun
glauben für jene eine Bestätigung der Ansicht der Ilienser bei-
gebracht zu haben, so wäre auch eine Sicherheit erwünscht, was
über das Alter dieser zu urtheilen ist. Wir hätten deshalb gern
den von Schliemann im Udjek-Tepeh aufgedeckten Thurm und
die polygonalen Mauern, welche er beschreibt („Ilios", S. 732 fg.),
mit dem Mauerwerk der VI. Schicht verglichen, hatten auch
dazu schon von seiten des kaiserlich Ottomanischen Unterrichts-
ministeriums und der Verwaltung des Museums zu Konstantinopel die Erlaubniss erhalten, die von Schliemann in den
Hügel hinein angelegten Tunnel wieder zu eröffnen, da erhob
das Kriegsministerium dagegen Einspruch. Wir müssen uns
daher bescheiden, aus den Worten des Epos zu schliessen, dass
schon in vorhomerischer Zeit ἐφ' Ἑλλησπόντῳ an beherrschenden

und eindrucksvollen Stellen oder μέσσον κὰπ πεδίον (Il. XI, 167)
sich in der Troas Tumuli erhoben, mit dem Zwecke, dass das
σῆμα über Meer und Land den Ruhm des verstorbenen Fürsten
verkünde, sehr im Gegensatz zu der mykenischen Sitte, die, von
der chthonischen Absicht ausschliesslich bestimmt, in den Berges-
abhang das Kuppelgrab eher verbirgt, als in der Landschaft
kenntlich macht.

Wir mussten uns also beschränken, in der nächsten Nähe
des alten Stadtgebiets Gräber aufzusuchen. Die Arbeit hatten
uns die Raubgrabungen der Bauern leicht gemacht: wir fanden
an der Südseite des spätern Ilion vor der auf dem Plane „Troja“,
VIII mit S. 17 bezeichneten Stelle und mehr gegen Osten von
der Ziffer 25,4 an bis um die Südost-Ecke der Stadt herum
weit über hundert Gräber ausgeplündert. Die Ausdehnung der
Nekropole, die hier am Abhang von unbefugten Händen geöffnet war, ergab eine Bestätigung der Stadtgrenze im Sinne
des 1883 aufgenommenen Planes. Auch im Nordosten, wo eine
kleine Thalbucht in den Abfall des Plateaus einschneidet, an
deren Ostrand heute das Dorf Hissarlik liegt, waren im Grunde
Gräber frisch geöffnet worden. Es waren Ziegel- und in den
Felsboden getriebene Gräber, mit Steinplatten bedeckt, soviel
zu sehen war, frühestens der hellenistischen Periode angehörig.
Reste von römischen Glasgefässen liessen sich darum herum
noch zahlreich auflesen.

Unsererseits sind unter Leitung des Herrn Weigel von der
Gegend des mit S. 17 bezeichneten Punktes aus einige Gräben
nach Süden zu gezogen worden. Sie begannen unmittelbar auf
der Höhe des Abfalls, in welchem der letzte Rest der spätern
Mauer von Ilion zu erkennen ist. Von dem Steinbau dieser selbst
haben wir ausser kleinen Steinen, welche nur als Füllsel hatten
dienen können, nichts gefunden; sie scheint völlig abgetragen
zu sein. Unsere Gräben gingen von ihrer Fluchtlinie aus südlich etwa 30 m weit; je mehr sie sich von der Stadtmauer ent-

fernten, desto dünner wurde die Erdschicht. An dem Ende der Gräben sind wir auf ein paar Ziegelgräber gestossen, deren eins beim Kopf des Skelets zwei gläserne Fläschchen und ein kleines Thongefäss enthielt.

Wichtiger war der Befund, der sich dicht an dem Zuge der Stadtmauer ergab, wo das Erdreich bis 2,10 m hoch den Kalkfelsen überdeckte. Da liess sich auf eine wenige Meter breite Strecke hin eine 50 cm tiefe ältere Schicht von einer jüngern darüberliegenden scheiden. Diese hatte sich nach den Terracottabruchstücken und Gefässscherben und Stücken von Kalkmörtel, welche sie enthielt, erst in hellenistischer Zeit und später angesammelt, tiefer aber fanden sich zahlreiche Bruchstücke von

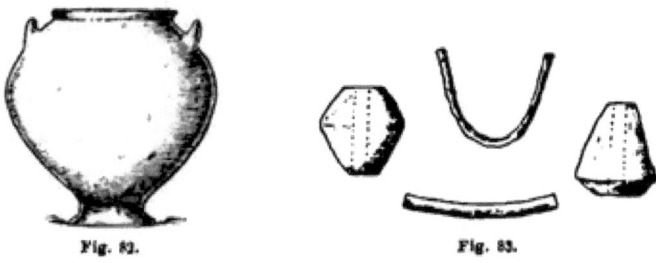

Fig. 82. Fig. 83.

Gefässen entwickelter monochromer Technik, troische Nachbildungen mykenischer Becher mit dem hohen Fuss, auch einige mykenische bemalte Scherben selbst, schwarzgraue Scherben mit Wellenornament, Bruchstücke von Pithoi mit wagerecht darum gelegten Reifen, kurz lauter Scherben, welche der VI. und vielleicht VII. Schicht der Pergamos entsprechen. Wenn nun dem gegenüber jüngere, archaisch-griechische Scherben hier ganz fehlen, so ergibt sich daraus, dass die städtische Ansiedelung in der troischen Blütezeit der Ausdehnung der hellenistischen Stadt in der durch den Fundort angegebenen Richtung nichts nachgegeben hat, während sie in der Zwischenzeit der historischen Ueberlieferung entsprechend kleiner zu denken ist. In der ältern

Schicht sind zwei Urnen gefunden worden. Ueber die eine, in Fig. 82 mit ihrem Inhalt abgebildete, bemerkt Herr Weigel: "Eine grosse, ziemlich stark ausgebauchte, 32 cm hohe Urne aus graubraunem, geglättetem und gut gebranntem Thon, leider etwas zerbrochen und defect. Scheibenarbeit; etwas ausgelegter Rand, massive horizontal angesetzte Henkel, abgesetzter Fuss. Das Gefäss lag ungefähr 1,50 m tief und war von einigen Steinen, aber keiner regelmässigen Steinsetzung umgeben, es enthielt im Innern die Reste von Leichenbrand und als Beigaben zwei kleine etwas roh geformte Wirtel und zwei kleine vollständig oxydirte Reste von Bronzeringen verschiedener Stärke.

"Nach den Wirteln zu schliessen, wird es ein Frauengrab gewesen sein. Das Gefäss gehört der Keramik der VI. Schicht an."

Die zweite ganz ähnliche Urne, die auch von einer unregelmässigen Steinpackung umgeben war, hat nach Herrn R. Virchow's Untersuchung der aufgefundenen Knöchelchen zwei ziemlich ausgetragene Fötusse enthalten (vgl. dazu die gleichartigen Funde "Ilios" S. 259 und 365).

Nur zweifelnd kann ich schliesslich über das Ergebniss einer andern kleinen Ausgrabung berichten. In "Ilios" S. 744 (vgl. auch S. 725) unter Nr. 12 sagt Schliemann: "Auf Professor Virchow's Rath grub ich auch einen Schacht in den nahe dem Südende von Novum Ilium, links am Wege nach Pascha Tepeh, gelegenen Tumulus, fand aber dort weiter nichts als wenige Bruchstücke von römischen Ziegeln. In etwa 5 Fuss Tiefe stiess ich auf den Felsen." Dieser Tumulus war durch eine leichte, bis etwa Mannshöhe ansteigende Schwellung des Bodens kenntlich; er liegt im Thalgrund zwischen der auf dem Wolff-schen Plane des Stadtgebiets angegebenen Theilung der Wege nach Tschiblak und Thymbra. Ohne zunächst darauf aufmerksam zu sein, dass diese Stelle schon einmal untersucht war, ist auf die Mitte zu ein Graben von uns gezogen worden. Schliemann's Untersuchungen können nicht bis zur Mitte vorgedrungen sein, denn mit seiner S. 730 ausdrücklich gegebenen Versicherung, dass er in keinem der erforschten Tumuli einen Steinkreis gefunden habe, steht im Widerspruch, dass hier in der That ein Steinkreis, aus Bruchsteinen aufgerichtet, blossgelegt wurde. Er hat einen Durchmesser von 4,5 m, seine Höhe war noch bis zu 1,12 erhalten. Was wir um ihn herum und in seinem Innern sammelten, waren Scherben frühestens hellenistischer Zeit. Unter dem ringförmigen Bau lag zunächst eine 0,22 bis 0,30 tiefe gelbe Sandschicht, darunter stand dunkles Erdreich bis 0,60 tief an. Genau in der Mitte des steinernen Ringes, mit der Unterkante seiner Mauer abschneidend, lag eine Quader, lang 0,56, breit 0,47, hoch 0,235, d. i. entsprechend der Höhe der Sandschicht; auf der einen Seite hatte sie einen feinen gelben Stuck. Als die Quader abgehoben wurde, zeigte sich genau unter ihrer Mitte im Erdreich ein kleines dreieckiges Loch, offenbar der Raum eines vergangenen Holzpflockes. Dieser sowol wie die Quader werden dazu gedient haben, um von ihnen aus die Kreislinie der Mauer zu bestimmen und einzuhalten. Tiefer hinunter aber ergab sich nicht die geringste Spur eines Grabes, obwol der Felsboden sorgfältig gereinigt worden ist. Daher kann der Zweck der Anlage kaum ein sepulcraler gewesen sein, will man nicht Schliemann's bedenkliche Hypothese, dass die meisten Tumuli Kenotaphe gewesen seien, annehmen. Unsere Arbeiter erklärten sich den Steinkreis als den Unterbau einer Mühle; dies ist aber, abgesehen davon, dass im Alterthum wie es scheint Windmühlen nicht bekannt waren, durch die Lage im Thale ausgeschlossen. An dem antiken Ursprung der Anlage zu zweifeln, war nach den aufgefundenen Scherben und dem Aussehen des wohlerhaltenen Stuckes an der Quader kein Anlass.

VI. Inschriften.

Von Alfred Brueckner.

———

Die Reihenfolge der mitzutheilenden Inschriften ist nach Maassgabe des Schriftcharakters geordnet, mit der ältesten beginnend.

1) Bei der Kirche des Hag. Joannis Prodromos in Jenikioi wies uns Herr Professor Mystakidis die folgende bisher unbeachtet gebliebene Inschrift nach. Sie ist auf den vier Seiten eines Pfeilers eingetragen, der bei der Wiederverwendung im Bau einer Kirche um seine Profile und um seine untere Endigung gekommen ist; es bleibt daher unsicher, wieviel an jeder der vier Seiten nach unten hin fehlt. Der Marmorblock, in drei Stücke gebrochen, hat jetzt im ganzen 0,94 Höhe, 0,41 Breite und 0,27 Dicke.

I

(fehlen 8 Zeilen).

ἐν τ

10 . αστου ε

· · Ι · · χοϛ · υ

μ · · Γ α · · · · σεατ

— — — ·κα

ταλυ ση

15 · · · υ Ἀναρχ

καὶ ἐν δημοκρατίᾳ . δυ · · · · · · · · · · · ἡγεμένι ὀλιγαρχίας

τε αὐτὸν

Ὃς δ' ἂν ἀποκτείνῃ τὸν τύραννον ἢ τὸν ἡ-

20 γεμόνα τῆς ὀλιγαρχίας ἢ τὸν τὴν δημοκρατίαν καταλύοντα, ἐὰμ. μὲν ὁ.. αρχο..., τά-
λαντον ἀργυρίου λαμβάνειν παρὰ τῆς πόλεως αὐτήμερον ἢ τῇ δευτέρᾳ καὶ εἰκόνα
χαλκῆν αὐτοῦ στῆσαι τὸν δῆμον, εἶναι δὲ

25 αὐτῷ καὶ σίτησιν ἐμ πρυτανείῳ, ἕως ἂν ζῇ,
καὶ ἐν τοῖς ἀγῶσι εἰς προεδρίαν κηρύσσεσ-
θαι ὀνομαστεὶ καὶ δύο δραχμὰς δίδοσται
αὐτῷ ἑκάστης ἡμέρας μέχρι ἂν ζῇ · ἐὰν δὲ
ξένος ᾖ ὁ ἀποκτείνας, ταῦτα δίδοσται αὐτῶι

30 καὶ πολίτης ἔστω καὶ εἰς φυλὴν ἐξέστω αὐτῶι
εἰσελθεῖν ἣν ἂμ βούληται · [ἐὰν δὲ δοῦλος ᾖ
ὁ ἀποκτείνας, ἀπελευθερούσθω καὶ πολίτης..
.. ε   τριάκοντα μνᾶς
λαμβάνειν παρὰ τῆς πόλεως αὐτήμερον ἢ τῇ

35 δευτέρᾳ   τιας λαμ....
                             ἀρχῆς ο......
                     υριο .. αμελ .. | ..

II

ἄλλα τῆς πόλεως εἶναι ·
καὶ εἴ τίς τι ἠδικήθη ὑπ' αὐ-
τῶν], ἀπολαμβάνειν ἐντεῦ-
θεν. Ἐὰν δέ τις τὸν τύραν-

5 νον ἢ τὸν ἡγεμόνα τῆς ὀλιγαρχίας ἢ τὸν δημοκρατί-
αν καταλύσαντα τῶν συσ-
στρατιωτῶν τις ἀποκτεί-
νας εἰς δημοκρατίαν κατα-

10 στήσῃ τὴμ πόλιν, ἀζήμιον

τε αὐτὸν εἶναι ὧν ἔπραξεν
μετ' αὐτῶν καὶ τάλαν τον ἀργυρίου λαμβάνειν παρὰ τοῦ
δήμου. Ὃς ἂν ἐπὶ τύραννον ἢ
15 ὀλιγαρχίαν στρατηγήσῃ
ἢ ἄλλην τινὰ ἀρχὴν ἄρξῃ
ἥν τινα οὖν δι'ἧς εἰς ἀργυρίου λόγον ἔρχεται ἢ ἐπιγρα-
φὴν ἐπιγράψῃ Ἰλιέων τινὶ ἢ
20 α, μηδὲ
ὧν εἶσθαι μηδὲ
μήτε γῆν μή-
τε οἰκίαμ μήτε κτήνη μήτε
ἀνδράποδα μήτε ἄλλο μη-
25 δὲν μηδὲ φερνὴν δέχεσθαι ·
θς δ'ἂν παρὰ τούτων τινὸς πρίηται τι ἢ παραθῆται ἢ φερνὴν
λάβῃ ἢ ἄλλως πως κτήση-
ται, ἄκυρον εἶναι τὴν κτῆσιν
30 καὶ τὸν ἀδικηθέντα ἰέναι εἰς
τὰ τοῦ ἀδικήσαντος ἀτιμη-
τεί, ὁπόταν ἐλῃ. Ἐὰν δέ τις
τὸ δεύτερον στρατηγήσῃ
ἢ ἄλλην ἀρχὴν ἄρξῃ, ὅσ'ἂν
35 διαχειρίσῃ χρήματα, πάντα
ὀφείλειν ὡς δημόσια ὄντα ·
ἐξεῖναι δὲ δικάσασθαι τῷ
βουλομένῳ ὡς περὶ δημοσί-
ων ἐν τῷ δικαστηρίῳ, ὅταν
40 βούληται μέχρι τέλος δίκης γένηται [δη]μοκρατου-
μένων Ἰλιέων. Ὃς δ'ἂν ἐπὶ τυράννου ἢ ὀλιγαρχίας ἐκ τού-

των χρήματα δη μέσια δῷ ἢ λάβῃ, ἐξεῖναι δικάσασθαι ὡς ι-
.... χρημάτων, ὑποδι-
σται

III

ἐγ μιαροῦ γένωνται · καὶ τὰ ὄντα αὐτῶν
τὰ μὲν ἡμίσῃ τῆς πόλεως εἶναι, τὰ δ' ἡμίσῃ τῶν παίδων τοῦ ἀποθανόντος, ἐὰν δὲ παῖ-
δες μὴ ὦσιν, εἰς οὓς ἂν τὰ χρήματα ἵκηται ·
δίκην δὲ εἶναι περὶ τούτων ἀεί, μέχρι τέλος
δίκης γένηται δημοκρατουμένων Ἰλιέων ·
ἐὰν δὲ δεθῇ ἢ ἐρχθῇ ἢ φεύγῃ, δεσμῶν, τιμὰς
διπλασίας ὀφείλειν καὶ ὅτι ἂν βλαβῇ διπλάσιον ·
ἐὰν δὲ χρήματα ἐκτείσῃ, διπλάσια ἀποτινέτω ὁ κατηγορήσας · δίκην δὲ εἶναι περὶ τούτων
ἀεί, μέχρι τέλος δίκης γένηται δημοκρατουμένων Ἰλιέων. Ἐάν τις ἐπὶ τυράννου ἢ ὀλιγαρχίας ἀποκτείνῃ τινὰ ἐν ἀρχῇ ὤν, πάντας τοὺς
τὴμ ψῆφον προσθεμένους ἀνδροφόνους εἶναι καὶ
.. ἐπ|.......... ειν ἀεί, μέχρι τέλος δίκης
γένηται δημοκρατουμένων Ἰλιέων · καὶ ἐὰν τὴν
δίκην ἀποφεύγῃ ψῆφον προστέμενος ὥστε ἀ-
ποκτεῖναι, ἄτιμον εἶναι καὶ φεύγειν αὐτὸν
καὶ ἐκγόνους οἳ ἂν ἐξ αὐτοῦ γένωνται · φόνου
δὲ ἐπιγαμίας μὴ καταλλάσσεσθαι μηδὲ χρή-
μασιν · εἰ δὲ μή, ἔνοχον εἶναι τῇ αὐτῇ ζημίᾳ. Ἐ-
ὰν δέ τις τύραννος ἢ ἡγεμὼν ὀλιγαρχίας ἢ ὅσ-
τις Ἰλιέων ἀρχὰς συναποδεικνύῃ μετὰ τούτων
ἢ ἄλλος πρὸ τούτων πρίηται γῆν ἢ οἰκίαν ἢ κτῆν τι
ἢ ἀνδράποδα ἢ ἄλλο ὅτι οὖν, ἀκύρως ἐωνῆσθαι καὶ
ἐπανίτω εἰς τοὺς ἀποδομένους. Ἐάν τις ἐν ὀλι-
γαρχίᾳ κακοτεχνῶν περὶ τοὺς νόμους
βουλὴν αἱρῆται ἢ τὰς ἄλλας ἀρχὰς

ὡς ἐν δημοκρατίᾳ θέλων διαπράσσεσθαι τε-
30 γνάζων, ἄκυρα εἶναι καὶ τὸν τεγνάζοντα πάσ-
χειν ὡς ἡγεμόνα ὀλιγαρχίας. Ὃς ἂν τύραννος
ἢ ἡγεμὼν γένηται ὀλιγαρχίας ἢ τύραννον στῇ-
σῃ, ἢ συνεπαναστῇ ἢ δημοκρατίαν καταλύ-
σῃ, ὅτου ἂν τι ὄνομα ᾖ, τούτων ἐάν τε ἐν τοῖς
35 ἱερεύσασιν ἐάν τε ἐν ἀναθήματι ἐάν τ'ἐπὶ τάφου,
ἐκκόπτειν πάντοθεγ καὶ ἐγ μὲν τῶν ἱερητευ-
κότων ἐκκόψαντας πωλεῖγ καὶ τὸμ πριάμενον
ὄνομα ἐπιγράψασθαι ὅτι ἂν θέλῃ οἷς μέτεστι·
τὰ δὲ ἀναθήματα ὅσα μὲν ἂν ἰδίᾳ ἀνατεθῇ, ἐξα-
40 λείψαντας τοῦ ἀναθέντος τὰ ἐπιγράμματα βου-
λεύειν περὶ τοῦ ἀναθήματος τὸν δῆμον, ὅπως μήτε ἐκείνων ἐστήξει μηδὲ μνημεῖον μηθὲν ἔσ-
ται· ὅπου δὲ κοινὸν ἀνάθημα καὶ ἑτέρων ἐπι-
γέγραπται, ἄδηλον ποιεῖν ἐξαλείψαντας τὸ
45 ὄνομα τὸ ἐκείνου. Ἐάν τις ἐπὶ τυράννου ἢ ὀλιγαρχίας.

IV

(fehlen 3 Zeilen).

οἱ ἄρχοντες μὴ κηρύξωσι τὸν
5 στέφανον ἐν τοῖς μεγάλοις Διο-
νυσίοις ἢ μὴ συντελέσωσι,
ὅπως ἀναγραφῶσι κατὰ τὸν νόμον, ὀφειλέτω τῶμ μὲν ἀρχόν-
των ἕκαστος τριάκοντα στα-
10 τῆρας, βουλῆς δ'ἕκαστος δέ-
κα στατῆρας, ὁ δὲ ταμίας στατῆρας ἑκατόν· καὶ ἄτιμοι ἔστω-
σαν καθ'οὓς ἂν τῶν γεγραμ-
μένων τιμῆς ἐπικαλῆται, ἐ ἀγ
15 κομίσωνται τὰ χρήματα οἱ ἐπι-

καλοῦντες · εἶναι δὲ τὴν ἔφο-
δον ἀεὶ ἐπὶ τοὺς ἄρχοντας καὶ
τὴμ βουλὴν τὴν ἐνεστῶσαν
καὶ ἔστω τοῦτο πρῶτον ἔτος
20 καὶ τὰ ἐπίτιμα ταῦτα εἶναι
τοῖς ἐνεστῶσιν ἀρχείοις, ἕ-
ως ἂν κομίσωνται τὰ χρήματα
καὶ τὸν στέφανον οἱ ἐπικαλοῦν-
τες καὶ ἡ ἀναγραφὴ γένηται.
25 Ἐὰν δέ τις κομίζηται μὴ τὴν
δημοκρατίαγ κατασκευάζων
εἰσενέγκας ἢ ἀναλώσας ἢ μὴ
ὀφειλόμενα ἢ πλείω ἀπολάβῃ,
ἀποτινέτω διπλάσια, ἐὰν δίκῃ
30 νικᾶται · καὶ ὃς ἂμ παρὰ τούτων
λαβὼν μὴ ἀναλώσῃ ὥστε ἡ δημο-
κρατία καταστασθῇ ἢ ὃς ἂμ παρὰ τούτων ἔχων μὴ ἀποδείξῃ
ἀναλωμένα εἰς ταῦτα, διπλάσια
35 ἀποτεισάτω ἅπερ ἂν λάβῃ, ι, ἐ-
ὰν δίκῃ νικᾶται · ᾧ δ'ἂν ἐπικαλῆται καὶ γραφῇ δίκῃ μὴ εἰσε-
νέγκαι ἢ μὴ εἰς ἀναλῶσαι κατὰ τὸν νόμον ἢ μὴ ὀφειλόμενα
40 ἢ πλείω ἀπολαβεῖν, μὴ στεφα-
νούσθω μηδὲ ἀναγραφ έστω
εἰς τὴν στήλην . . . τουσ η . .
· ηται κα   π   τα
σ ι χ?

Die Inschrift umfasst Theile eines Gesetzes, welches das
Volk von Ilion sich gegeben hat für den Fall, dass ein Tyrann
oder eine Oligarchie die demokratische Verfassung der Stadt

9*

umstösst. Die erste Seite enthält, soweit sie zusammenhängend erhalten, die Belohnungen, welche dem Befreier des Volkes zufallen, der den Tyrannen oder das Haupt einer Oligarchie tödtet. Ist er ein Bürger — das muss der Sinn der verstümmelten Worte in I 21 sein — so erhält er sofort ein Talent Silbers ausgezahlt, eine eherne Statue wird ihm errichtet, er wird sein ganzes Leben lang im Rathshause gespeist, erhält bei den öffentlichen Festen einen Ehrenplatz und bezieht täglich zwei Drachmen; ist er ein Fremder (Z. 28), so erhält er dasselbe Geld und wird Bürger von Ilion, und ist er ein Sklave, so wird er frei gekauft, erhält die Hälfte eines Talentes und was der Ehren mehr sind, die auf dem verlorenen untern Theile aufgezeichnet waren. Noch auf die II. Seite greifen die Belohnungen über: für den Fall, dass einer aus der Truppe der antidemokratischen Partei an seinem Führer zum Verräther wird und ihn beseitigt, so ist er für das, was er im Dienste des Tyrannen gethan, straflos und erhält wie die Anderen sein Talent Silbers.

Mit II 14 begann ein neuer Abschnitt, der die Behörden der Demokratie betrifft. Es wird ihnen untersagt, in Zeiten innerer Unruhen ihren Privatbesitz an Land oder Vieh oder Sklaven, unter welcher Form es auch sei, zu vergrössern. Wo das geschehen ist, steht dem ersten Besitzer, auch für den Fall, dass das Object inzwischen in die Hände eines Dritten übergegangen ist, das Recht zu, ohne weiteres von seinem Eigenthum wieder Besitz zu ergreifen. Daran schliessen sich Bestimmungen über die Haftbarkeit von Beamten, welche widergesetzlich über ihr Amtsjahr hinaus oder noch nach dem Sturze der Demokratie öffentliche Kassen verwaltet haben.

Die III. Seite enthält die Sühnung und Tilgung der unter der Tyrannis oder Oligarchie getroffenen Maassnahmen. Z. 1—21 bezieht sich auf die Sühnung der Rechtsprüche der Gegner. Auf wessen Antrag ein Ilienser zum Tode verurtheilt worden ist, dessen Güter werden confiscirt und die Hälfte seines Gutes fällt den Hinterbliebenen des verurtheilten Demokraten zu. Ist einer wegen einer Geldstrafe, die er nicht bezahlen konnte, ins Gefängniss geworfen worden, so büsst nun der ehemalige Ankläger das Doppelte; ebenso auch, wenn die Summe damals erlegt worden ist. Die aber in einem Gerichte mit gesessen und gegen einen ilischen Bürger ihre Stimme auf schuldig des Todes abgegeben haben, die gelten alle als Mörder, und entzieht sich einer von diesen dem Processe, der ihm nun gemacht werden kann, so ist er sowohl wie seine Nachkommen rechtlos und verbannt, und kein Ausweg, welcher es auch sei, kann den Mord sühnen. Z. 21—26 ergänzen II 14—32: auch die Besitzerwerbungen des Tyrannen oder Oligarchenführers oder derer, die zu ihnen stehen, sind mit der Wiederaufrichtung der Demokratie ungültig. Z. 26—31. Wer in einer Oligarchie zum Scheine, als habe er volksfreundliche Absichten, eine Bule wählen lässt oder die anderen demokratischen Aemter besetzt, soll ebenso behandelt werden wie das Haupt einer Oligarchie. Z. 31—45. Wo auch nur sich der Name eines der Volksfeinde auf einem Denkmale findet, wird aufs peinlichste seine Tilgung bestimmt, mag er als Priester irgendwo genannt sein oder auf ein Weihgeschenk seinen Namen gesetzt haben; ja auch sein Grabstein bleibt nicht verschont.

Der Text der IV. Seite versteht sich unter der Voraussetzung, dass in Ilion ähnlich wie in Athen zu Demosthenes' Zeit ausserordentliche Geldbedürfnisse des Staates zunächst von den reichsten Bürgern aufgebracht wurden, welche als Vorsteher von Steuerbezirken erforderlichenfalls für die Angehörigen ihres Bezirks die Steuern vorschossen und von den Steuerbeträgen ihrerseits berechtigt und verpflichtet waren, Leistungen, wie in Athen die Trierarchie, zu übernehmen. Im Gesetze wird der Fall einer so für den Freiheitskampf des Demos aufgebrachten Vermögenssteuer (εἰσφορά) vorausgesetzt. Es sollen die Vorsteher der Steuerbezirke ihr Geld, sicher wenigstens ihre Vorschüsse,

zurückerhalten, und der Demos erweist sich für die Leistungen
dieser Männer dankbar, indem er ihre Bekränzung an den grossen
Dionysien und die Aufzeichnung ihrer Namen auf einer besondern Stele bestimmt. Die verschiedenen Beamten, welche
die Beschlüsse des Volkes auszuführen haben, werden bei
schwerer Geldstrafe verpflichtet, ihre bezüglichen Aufträge zu
erfüllen (Z. 4—12); die Säumigen, für welche die εἰσενέγκαντες
vorgeschossen haben, werden als Staatsschuldner ἄτιμοι, wenn
jene aus der Staatskasse die vorgeschossenen Beträge zurückerhalten (Z. 12—16). Ansprüche der Staatsgläubiger sind Ar-
chonten und Rath gehalten, jederzeit anzunehmen, und die gegen-
wärtigen Behörden bleiben in Permanenz, bis die Abrechnung
erfolgt ist und den Gläubigern ihre Belohnungen zutheil geworden sind (Z. 16—24). Es folgt dann die Behandlung derer,
welche etwa fälschlich den Anspruch erheben, Gläubiger der
Demokratie zu sein.

Von anderen Urkunden her ist Ilion uns nur in demokra-
tischer Verfassung bekannt. Die Zeit unsers Gesetzes lässt
sich auf Grund der genauen Uebereinstimmung des Schriftcharakters mit der „Ilios“, S. 699 (= Dittenberger, *Sylloge*, 158)
veröffentlichten Urkunde, die um 270 aufgezeichnet ist, auf die
erste Hälfte des dritten Jahrhunderts fixiren. Da es den erhaltenen Nachrichten nach den Anschein hat, als sei sowol unter
Antigonos (bis 301) als auch unter den Seleuciden (von 281 ab)
die Demokratie ungestört geblieben, hingegen die Verfassung
von Ilion in der dazwischen liegenden Zeit der Herrschaft des
Lysimachos unbekannt ist, so wäre es möglich, dass dieser, wie
das seiner Politik entsprechen würde, tyrannische oder oligar-
chische Bestrebungen in Ilion unterstützt hätte.

Eine genauere Veröffentlichung und Besprechung dieser
wichtigen Inschrift, bei deren Erklärung mich vielfach Herr
U. Köhler unterstützt hat, steht in den Sitzungsberichten der
Berliner Akademie bevor.

135

2) Bruchstück aus hellbläulichem Marmor, rundum gebrochen, gefunden in *I* 6. H. 0,₁₁. Buchstabenhöhe 0,₀₁₄.

K
ETH
ΛΦΕΡ
ΞΓΟΛ
ιΛ

3) Bruchstück aus weissem Marmor, links ist der Rand erhalten. H. 0,₀₅. Buchstabenhöhe 0,₀₁₂. Dicke der Platte 0,₀₄.

TOIʟ
INAΔE
EΨHΦIΣN
ΔHMHΣ
Λ

4) Das folgende Bruchstück von der Einleitung eines Ehrendecretes fand sich bei unserer Ankunft unter früheren Fundgegenständen. Es ist aus weissem Marmor, 0,₀₉₅ hoch, die Buchstabenhöhe beträgt 1 cm. Der Rand ist nur links erhalten; der Rest eines Zapfenloches in der obern Bruchfläche beweist, dass nur wenige Zeilen oben abgebrochen sein können.

MIΛH...	Μιλη, σι-
ΓΟΛΛΑΣΚ ι	πολλὰς καὶ
ΥΓΕΡΤΗΣ	ὑπὲρ τῆς
TETAΣ	τε τὰς
THNIΛ	τὴν Ἰλιέων πόλιν

Μιλήσιος oder Μιλησίου braucht nicht nothwendig das Demotikon zu sein. Der Vater des Periegeten Polemon von Ilion, der ja auch die Denkmäler seiner Vaterstadt beschrieb, hiess Milesios, wie Foucart ermittelt hat *(Revue de philologie,* II (1878), S. 215. Dittenberger, *Sylloge,* S. 304, Anm. 35; vgl. Haubold, *De rebus Iliensium,* S. 18) Zu Polemon's Zeit würde der Schriftcharakter des Bruchstückes stimmen.

5) Im Innern der Kirche des Hagios Georgios zu Jeni-Hissar. Einen Abklatsch der Inschrift brachte uns der Lehrer des Dorfes Kalifatli; meine danach genommene Abschrift hat L. Pallat vor dem Steine vervollständigt. Höhe des Marmors 0,40, Breite 0,43. Buchstabenhöhe 0,018.

Form der Buchstaben:

ΑΞΘΜΓΣΩ

```
                ᴗΙ           ΙΙΝ
     ΘΑΙΚΑΤΑΤΟΝΝΟΜΟΝΕΛΟΜΕΝΑΙΑΙΓᴄ
     ΛΕΙΣΕΞΑΓΟΣΤΕΙΛΑΤΩΣΑΝΟΥΣΑΝΑΙ
     ΤΑΙΣΦΑΙΝΗΤΑΙΕΙΔΕΤΙΝΕΣΕΓΓΡΑ
5    ΦΑΙΓΕΓΕΝΗ   ΑΙΗΟΦΕΙΛΗΜΑΤΑΚΑΤΑ
     ΤΩΝΠΟΛΕΩΝΚΑΙΤΩΝΑΓΩΝΟΘΕΤΩΙ
     ΚΑΙΤΩΝΑΡΞΑΝΤΩΝΗΔΙΑΧΕΙΡΙ
     ΣΑΝΤΩΝΤΙΤΩΓΚΟΙΝΩΝΤΩΝΤΗ
     ΕΓΙΣΧΕΣΙΝΓΕΓΟΙΗΜΕΝΩΝΗΡΘΙ
10   ΑΥΤΑΚΑΙΑΚΥΡΑΕΙΝΑΙΤΩΝΔΕ
     ΑΓΩΝΟΘΕΤΩΝΟΙΜΗΚΑΤΑΒΕΒΛΗ
     Ι(  ῒ ‾ΣΤΑΧΡΗΜΑΤΑΑΠΟΔΟΤΩΣΑΝ
     ΕΛΙΩι  ΣΑΝΕΝΤΩΙΚΑΘΗΚΟΝΤΙ
     ΧΡΟΝΩΙΑΠΟΣΤΕΙΛΑΤΩΣΑΝΔΕΑ
15   ΓΟΛΕΙΣΤΑΕΙΘΙΣΜΕΝΑΔΙΑΦΟΡΑΕΝᴄ
     ΕΝΙΑΥΤΟΥΤΩΝΔΕΑΛΛΩΝΔΙΑΦΟΡΩ
     ΞΚΤΩΝΠΡΟΤΕΡΩΝΕΤΩΝΤΩΝΕΙΘΙΣ
         ΝΚΑΤΕΝΙΑΥΤΟΝΚΑΤΑΦΕΡΕΣ
     ·ΙΩΝΤΗΝ‾‾ᴄΧΗΝΓᴨᴐΙ
```

```
     - - - - - - - - - - - ϙ - - - - ϑ -
     ᷍σαι κατὰ τὸν νόμον ἐλόμεναι αἱ πό-
     λεις ἐξαποστειλάτωσαν οὓς ἂν αὐ-
     ταῖς φαίνηται.  Εἰ δέ τινες ἐγγρα-
5    φαὶ γεγόνη ντ᷍αι ἢ ὀφειλήματα κατὰ
     τῶν πόλεων καὶ τῶν ἀγωνοθετῶν
     καὶ τῶν ἀρξάντων ἢ διαχειρι-
```

σάντων τι τῶν κοινῶν τῶν τὴ ν
ἐπίσχεσιν πεποιημένων, ἠρᾶ αι
10 ʹαῦτα καὶ ἄκυρα εἶναι. Τῶν δὲ
ἀγωνοθετῶν οἱ μὴ καταβεβλη-
κότες τὰ χρήματα ἀποδότωσαν
. ε . . . . σαν ἐν τῷ καθήκοντι
χρόνῳ. Ἀποστειλάτωσαν δὲ α ἱ
15 πόλεις τὰ εἰθισμένα διάφορα ἑνὸς
ἐνιαυτοῦ, τῶν δὲ ἄλλων διαφέρω ν
ἐκ τῶν προτέρων ἐτῶν τῶν εἰθις-
μένω ν κατ᾽ἐνιαυτὸν καταφέρεσ-
θαι ὧν τὴν ἐποχὴν ἐποιήσαντο

Aus der Inschrift, die nicht jünger als das erste vorchristliche
Jahrhundert sein wird, ist zu entnehmen, dass jede der an dem
ilischen Bunde betheiligten Städte zur Feier des Athena-Festes
und der damit verbundenen Spiele jährlich eine Summe bei-
steuerten, deren Verwendung die Sache der von den einzelnen
Städten bestellten Agonotheten war. Den Anlass zu dem vorliegenden Beschluss der obersten Bundesbehörde, der σύνεδροι,
bot eine schon mehrere Jahre andauernde (Z. 17) Stockung
(ἐπίσχεσις Z. 9, ἐποχή Z. 19) in den Beiträgen von seiten einiger
der Städte. Zur Regelung der Schuld sollen die Einzelforde-
rungen aufgehoben sein, welche der Bund an die säumigen
Städte, deren Behörden dem Feste inzwischen nicht fern geblieben zu sein scheinen, zu haben glaubte (Z. 4—10). Die
Agonotheten, welche noch öffentliche Gelder in Händen haben,
sollen Rechnung ablegen zum herkömmlichen Termine; die Ergänzung dessen, was auf ἀποδότωσαν Z. 12 folgt, muss ich
Kundigeren überlassen. Zunächst soll für das laufende Jahr
von den Städten der Beitrag erlegt werden (Z. 14—16); was
weiter über die Zahlung der rückständigen Beiträge beschlossen
war, ist verloren gegangen.

6) Zwei Blöcke aus weissem Marmor, verbaut in G 10 in die von Norden nach Süden gehende Mauer, h. 0,₄₉, der erste lang 1,₃₇, der zweite 0,₇₀. Links schloss ursprünglich noch ein Block an, da der grössere Block nach beiden Seiten an seiner Unterfläche Klammerlöcher hat. Buchstabenhöhe 0,₀₃₅—0,₀₄. Die Inschriften beginnen am obern Rande der Blöcke.

Ὀκτα ουίαν τὴν θυ-   Ἀντωνίαν τὴν θυ-
γατ]έρα τοῦ Σεβαστοῦ   γατέρα τοῦ Σεβαστοῦ

Τιβέρι[ο]|ν Κλαύ-   Καίσαρος Σεβασ-
διον   B|ριταννι   τοῦ υἱὸν ἡ βου-
κὸν   τ|ὸν υἱὸν   λὴ κ καὶ ὁ δῆμος
τοῦ   Σ|εβαστοῦ   τὸν συγγενῆ τῆς πό-
                     λεος [sic]

Im ersten Namen ist bei Σεβαστοῦ das Ο nachträglich klein eingefügt, im letzten fälschlich βουλητι geschrieben und das Ε in συγγενῆ und πόλεος erst aus Ι hergestellt.

Obwohl die Namen alle einzeln und von verschiedenen, nicht eben sehr geschickten Händen eingetragen sind, waren die Bildwerke, zu welchen sie gehören, in enger Verbindung miteinander. Es standen darüber die Statuen der Kinder des Kaisers Claudius, der Antonia, der ältesten unter diesen vier, der Tochter der Aelia Pätina, ferner der Octavia und des Britannicus, der Kinder der Messalina, und des jungen Nero; denn wenn auch mit dem obern Theile der Inschrift sein Name verloren ist, so kann doch im Zusammenhang kein Zweifel sein, dass der letztgenannte und letzt hinzugefügte Καῖσαρος Σεβαστοῦ υἱός eben Nero ist. Eine ehemals beim Dorfe Tschiblak gesehene Säulentrommel, an welcher eine grosse viereckige Tafel angearbeitet war, trug auf der Tafel folgende Weihinschrift (CIG 3610):

Τιβε]ρίῳ Κλαυδίῳ Καίσαρι Σ[εβ]αστῷ] Γερμανικῷ καὶ Ἰουλί[ᾳ] Σ[ε
βα]στῆ Ἀγριππείνῃ, καὶ τοῖ[ς|τέκν]οις αὐτῶν καὶ τῇ συν[κλήτῳ]
καὶ τῇ Ἀθηνᾷ τῇ Ἰλιάδ[ι] καὶ τῷ] δήμῳ Τιβέριος Κλαύδ[ιος . . .]ο-
φάνους υἱὸς Φιλοκ[λῆς] κα]ὶ ἡ γυνὴ αὐτοῦ Κλαυδία Παρ[μενί]ωνος
θυγάτηρ Παρμεν[ὶς] τὴ]ν στοὰν καὶ τὰ ἐν αὐτῇ[πά]ντα
κατασκευάσαντ[ες]|ἐκ τῶν ἰδίων ἀνέθηκα[ν.

Es liegt daher der Schluss nahe, dass die neugefundene Inschrift eben aus der Halle stammt, welche Ti. Claudius Philocles und seine Frau dem Kaiser Claudius und der Agrippina Augusta und den Prinzen und Prinzessinnen des kaiserlichen Hauses gewidmet hat. Die Halle muss der Weihung nach an den Bezirk der Athena Ilias angeschlossen gewesen sein; es liegt auch in dem Bezirke von Schliemann's Ausgrabungen her eine Säulentrommel, an der ebenfalls eine grosse viereckige, in diesem Falle leergelassene Tafel angearbeitet ist. Wie die Verwendung der neugefundenen Statuenbasen beweist, ist die Halle danach abgebrochen worden.

Sie ist zwischen den Jahren 49 und 54 gestiftet, zwischen der Zeit, wo Julia Agrippina den Namen Augusta annahm, und dem Tode des Claudius. Da nun Philocles erklärt, alle Bildwerke in der Halle gestiftet zu haben, indessen unsere Inschrift lehrt, dass zu den übrigen Kindern des Claudius Rath und Volk der Stadt die Statue des Nero rechts am Ende hinzugefügt hat, so wird anzunehmen sein, dass diese Inschrift nach der Weihung der Halle angebracht ist, die Halle also erbaut wurde, bevor Nero am . . . Februar 50 vom Kaiser adoptirt war, also im Jahre 49 an . . . nachträgliche Errichtung der Statue des kaiserlich . . . durc' . . . lt und seine Ehrung durch

den Beinamen eines συγγενὴς τῆς πόλεως erhalten ihren Com-
mentar durch die Thatsache, dass um die Wende des Jahres 52
auf 53 Nero Veranlassung nahm, im Senate mit einer griechischen Rede im Sinne des julischen Hauses für die Ilienser ein-
zutreten (Schiller, Geschichte des römischen Kaiserreichs unter
Nero, S. 83. Haubold, *De rebus Iliensium*, S. 51 fg.).
Nach diesem hat über den erhaltenen Zeilen, sei es auf
Theilen derselben Blöcke, die bei der Wiederverwendung abge-
sägt sein können, sei es auf anderen Werksteinen über den drei
ersten Namen der Name des Philocles und seiner Frau, über der
letzten Inschrift der volle Name des Nero gestanden.

7) Das folgende Fragment ist auf dem Gebiete von Ilion
in einem Felde aufgefunden worden. Die Platte, aus weissem
Marmor, hat oben und links ihren Rand erhalten und ist 0,04 dick.
Die Höhe des Fragments beträgt 0,145, die der Buchstaben 0.02.

Αὐτ JKPA	τορι Καίσαρι Τραιανῷ Ἀδριανῷ Ὀλ-	
υμι ΙΙΩΙΣ C	τῇρι	ἡ ῥού-
ΛΗΚΑΙΟΔ	ἡμος τῶν Ἰλιέων	πα-
ΡΕΧΩΡΗτ		τ-
ΟΤΕΓΥΝ	νάσιον	
Οτ		

Ueber Hadrian in Ilion vgl. Haubold, *De rebus Iliensium*,
S. 54 fg.

8) In der Aussenwand der Kirche von Kalifatli ist folgendes Bruchstück aus weissem Marmor, an dem oben und rechts
der Rand erhalten, vermauert.

ΑΙΔΕΚΑΠΡΩΣΙΝΗΣΚΟΛΩ
ΝΕΥΧΑΡΙΣΤΟΥΤΕΙΜΗΣΤΟ

Die Inschrift stammt aus den ersten Jahrhunderten nach
Christus. Länge 0,11, Buchstabenhöhe 0,025.

Druck von F. A. Brockhaus in Leipzig.